동양의 파바로티 조용갑의

희망 오페라

동양의 파바로티 조용갑의
희망 오페라

초판 1쇄 발행 | 2012년 5월 10일
초판 7쇄 발행 | 2014년 11월 4일

지은이 | 조용갑
펴낸곳 | ICG
발행인 | 이영훈
편집인 | 이장석
편집장 | 노인영
기획 · 편집 | 백지희 · 박은혜
디자인 | 서주영
마케팅 | 김미현 · 문기현
쇼핑몰 | 이기쁨 · 최명선 · 이경재
행　정 | 김수정 · 이정은

등록번호 | 제12-177호
주　소 | 서울특별시 영등포구 여의공원로 101번지 CCMM빌딩 9층 901A호
전　화 | 02-2036-7935
팩　스 | 02-2036-7910
웹사이트 | www.pastor21.net

ISBN 978-89-8304-175-3 03230

"무슨 일을 하든지 마음을 다하여 주께 하듯 하라" (골 3:23) ─────────
교회성장연구소는 한국 모든 교회가 건강한 교회성장을 이루어 하나님 나라에 영광을 돌리는
일꾼으로 성장하는 것을 목표로, 목회자의 사역은 물론 성도들의 영적 성장을 도울 수 있는
필독서들을 출간하고 있다. 주를 섬기는 사명감을 바탕으로 모든 사역의 시작과 끝을 기도로
임하며 사람 중심이 아닌 하나님 중심으로 경영한다. "무슨 일을 하든지 마음을 다하여 주께
하듯 하라"는 말씀을 늘 마음에 새겨 하나님이 주신 사명을 기쁨으로 감당한다.

동양의 파바로티 조용갑의

희망 오페라

조용갑 지음

ICG

주 천사

유럽 선교사 세미나 강사로 초청받아 이탈리아에 갔을 때, 로마 국제공항에 내리자 웬 털북숭이 젊은이가 나를 기다리고 있었다. 그는 겸손히 내 가방을 받으며 웃음으로 나를 맞이했다. 나는 그의 안내로 로마 근교에 선교사님들이 묵고 계신 한 호텔로 갔고, 이 털북숭이 젊은이는 수고하시라는 말을 남긴 채 나를 내려주고 어디론가 가버렸다. 나는 속으로 고맙다고 생각하며 그냥 잊고 있었다.

모든 세미나 일정을 마친 후 로마한인교회에서 강사들을 위한 파티를 열어주었다. 맛있는 음식으로 대접해주고, 콘서트까지 열어주었다. 그런데 이게 웬일인가! 나를 안내해 준 그 털북숭이 젊은이가 무대 위에 있는 것이 아닌가. 그가 바로 세계적인 테너 조용갑이었다.

나는 그의 노랫소리에 매료되었다. 내 평생 이렇게 좋은 목소리는 처음이었다. 그의 목소리는 그곳에 참석한 모든 선교사님들을 자신의 팬으로 만들어버렸다. 우리를 매료시킨 것은 그의 목소리만이 아니었다. 세계적인 테너가 어떻게 저리도 겸손할 수 있을까…… 어떻게 저렇게 헌신할 수 있을까……. 노래와 함께 전하는 그의 삶의 이야기를 들으며, '아, 이 젊은이의 삶이 다른 이들에게 희망을 줄 수 있겠구나!' 라는 생각이 들었다.

그래서 우리 교회에도 와줬으면 하고 초청했다. 역시 그는 마다하지 않고 바로 와주었고, 나는 또다시 서울에서 그의 멋진 목소리를 들을 수 있었다.

테너 조용갑의 노래는 희망의 오페라다. 그의 노래는 좌절하는 젊은이들에게 희망을 주고, 어려운 자들에게 다시 시작할 수 있는 용기를 준다. 무엇보다 그의 삶은 '누구나 도전하면 할 수 있다는 희망'을 주고 있다. 이 책 『희망 오페라』에는 그의 칠전팔기가 모두 담겨 있다. 나는 이 책을 읽으면서 큰 감동과 도전을 받았다. 이 책을 읽는 모든 독자들도 희망을 갖기를 소망한다.

우리 모두 그와 함께 희망의 노래를 부르자.

은평제일교회 심하보 목사

추천사

그리스어에 '안드로포스' 라는 단어가 있습니다. '인간' 을 나타내는 말이지만 그 본래의 의미는 '위를 바라보는 존재', '희망을 가진 존재' 입니다. 이 『희망 오페라』는 불우한 환경과 기막힌 역경을 딛고 일어나서 세계 위에 세워진 조용갑 테너의 희망 이야기입니다.

저는 2011년, 한 교회 부흥회를 인도하면서 조용갑 테너를 처음 만났습니다. 그가 부른 '하나님의 은혜' 라는 찬양도 감동적이었지만 통성기도 시간에 두 손을 들고 애절히 기도하는 그의 눈에서 흘러내리는 눈물을 보았습니다. 그리고 우리 교회에 초청하여 간증을 들으면서 모든 성도가 함께 울었습니다.

그 후에 저는 조용갑 테너와 함께 2012년 대전기독교연합회 부활절연합예배 때와 군부대 위문예배, 강남금식기도원 등 여러 곳에서 함께 집회를 인도하면서 성령의 기름부으심을 보았습니다. 하나님이 조용갑 테너를 이 시대에 피 묻은 그리스도의 복음을 전하는 자로 쓰심을 알 수 있었습니다. 열악한 환경과 그 수많은 역경을 딛고 일어서게 하신 분이 살아 계신 하나님이십니다. 고교 시절 신문팔이, 자장면 배달을 하면서도 기도의 끈을 놓지 않았기에 그의 담임목사님께서 그를 이탈리아에 유학을 보내심으로 광야에 길이 나고 사막에서 생수가 나게 한 것입니다.

이 책은 남녀노소, 빈부귀천을 초월하여 누구나 읽으면 새 힘과 용기 그리고 희망을 갖게 합니다. 예수님이 십자가에서 흘리신 피는 우리 모두의 죄와 허물을 영원히 지워 없애버리는 하나님의 지우개입니다. 하나님은 지난날 조용갑 테너의 가난, 절망, 질병, 고난과 역경까지도 모두 지워주셨습니다. 그리고 그리스도 예수 안에서 새로운 피조물이 되어 주의 복음만이 유일한 소망임을 알아 주를 위해 진력하게 하셨습니다. 이 책을 읽으신 분들의 절망이 희망으로, 역경이 순경으로, 무가치한 인생이 가치 있는 인생으로 새롭게 거듭나기를 소원하며 이 책을 추천합니다.

한국기독교복음단체총연합대표회장
해오름교회 최낙중 목사

Contents

제2막 희망의 리허설

제**3**막 희망의 행진곡

01 다시 만난 이탈리아

02 내게 맡기신 사명을 위해

03 내가 누린 희망을 그대에게

▌서곡

무대 아래에서, 무대 위에서,
그리고 다시 무대 아래에서

2012년 2월 10일 밤, 커다란 무대가 내 앞에 있다. 내가 그 무대 위에 직접 서는 것은 아니다. 그러나 나는 지금 어느 때보다 더 두근거리는 마음으로 그 무대를 바라보고 있다. 이처럼 나를 긴장 속으로 이끈 무대는 〈오페라스타 2012〉다. 오늘밤 나는 〈오페라스타〉에 출사표를 던진 8명의 새로운 도전자들과 만난다. 문득, 나는 오래전 어떤 기억을 되짚어본다.

1997년 1월 15일, 이탈리아 로마로 향하는 비행기 안, 한 청년이 터질 듯한 마음을 가다듬고 있다. 착륙 30분 전을 알리는 기장의 목소리에 더욱 상기된 그의 얼굴에는 얼마 전 마지막으로 치른 권투경기의 흔적이 아직 남아있다. 그의 눈빛은 마치 지금 막 링 위에 있는 권투선수처럼 예사롭지 않다. 이 청년이 바로 나, 조용갑이다.

생전 처음 타본 비행기 때문인지, 창밖으로 보이는 이탈리아의 전경 때문인지 가슴의 울림은 더욱 거세지는 듯했다. 이제 주먹이 아닌 목소리로 세계를 향해 나아간다는 꿈과 열망 그리고 두근거림. 한편으로는 두려움도 있지만, 그 스릴과 긴장감은 링위의 적을 만날 때와는 사뭇 다른 새로운 느낌이었다. 하지만 그때의 도전이 없었다면 지금의 나도 없었을 것이다.

나는 〈오페라스타〉의 무대 아래에서 예전에 내가 막 이탈리아에 도착했을 때와 같은 흥분과 설렘을 느끼고 있다. 지금 무대위에 있는 도전자들은 대한민국에서 인정받는 실력파 가수들이다. 언뜻 생각하기에 가요든 오페라든 프로 가수들에게 어렵지 않을 것 같지만, 기술적인 면이나 발성 방법에 큰 차이가 있기 때문에 그들로선 맨땅에 헤딩하는 것과 다름없다. 오히려 가수이기 때문에 잘해야 본전, 못하면 망신이 될 수도 있다. 그런 상황에서 그들은 오페라를 위해 자신들의 목소리와 습관까지 바꿔가며 새로운 도전의 길에 들어선 것이다. 그들이 보았던 것은 오페라이기 이전에 자신의 새로운 모습이었고, 그들이 보여준 것은 무대이기 이전에 도전과 희망이었다.

이 당당한 도전자들의 멘토이자 생방송 무대의 심사위원으로 나는 이 자리에 앉아있다. 누구보다도 행복한 긴장을 갖고 이 무대를 바라본다. 지금 이 순간 나는 나의 무대가 아닌 도전자들의 무대를 응원한다. 그들의 무대에 아낌없는 칭찬을 보내고, 적절한 처방을 내리기도 한다. 내가 계속 머릿속으로 생각하는 것은 이런 것이다.

'어떻게 하면 저들이 좀 더 새로운 자신을 발견하도록 도울 수 있을까?'

그들은 낯선 도전 앞에서 때론 절망할 것이고, 때론 포기하고 싶을 것이다. 그럴 때 나는 그들을 일으켜 세울 것이다. 나 역시 모든 것을 포기하고 싶은 때가 있었고, 낙담하여 다시 일어설 힘조차 없을 때도 있었다. 그렇기에 그들의 심정을 누구보다 잘 안다.

하지만 나는 거기에서 멈추면 안 된다고 말하고 싶다. 많은 이들이 나에게 보내준 희망으로 지금 내가 이 자리에 있듯이, 나역시 그들이 더 성장할 수 있다고 격려하며 희망을 북돋아줄 것이다.

이것은 그들만의 이야기가 아니다. 나는 희망을 잃은 채 절망 속에 주저앉은 모든 사람들에게 희망의 오페라를 전하고 싶다. 바로 그 희망에서 도전할 수 있는 용기가 생긴다는 사실과 함께.

　나는 원래 오페라 무대와는 전혀 상관없는 사람이었다. 정확히 말하자면, '무대 아래 인생'을 살던 사람이다. 오페라 무대만이 아니다. 인생의 무대 역시 마찬가지였다. 멋지게 무대 위로 올라가서 내 삶을 펼쳐야 하는데, 나는 무대 아래 어둑어둑한 곳에서 앞날을 기대할 수조차 없었다. 어릴 때는 섬에서 바다를 내려다보며 누구보다도 모험과 상상을 즐기곤 했지만, 현실은 녹록지 않았다. 빚 때문에 가난했던 생활은 너무 힘들었고, 그것은 가족과 삶에 대한 원망과 분노로 이어졌다. 원래 불같았던 나의 성격은 현실을 원망하며 더욱더 모나게 자라고 있었다. 환경의 제약 속에서 무대 위를 생각하지 못하고 그저 항상 세상을 탓할 뿐이었다. 인생의 멋진 무대 위에서 활약하는 사람들의 이야기는 언제나 남의 이야기였다.

하지만 하나님께서는 그 작은 섬 소년을 가만히 두지 않으셨다. 중학교를 지나 서울에 오게 만드셨고, 내게도 한 줄기 빛이 비치기 시작했다. 나의 은사이자 멘토이신 박현준 목사님을 만나고, 그분을 통해 나는 예수님을 만났다.

예수님은 거친 파도 앞에 선 나에게 희망의 등대가 되셨다. 나를 드라마틱한 인생의 무대로 이끌어 주셨다. 무대 아래에만 있던 내가 무대 위를 바라볼 수 있도록 하셨다. 예수님은 나에게 찾아오셔서 나를 향해 예비하신 자신의 꿈을 보여주셨다.

그때, 내게 희망이 보이기 시작했다. 그 희망의 빛을 따라 고개를 든 순간, 두려움이 사라졌다. 내 앞에 있는 푯대를 향해, 그분의 목적을 향해 전력 질주 할 수 있는 열정이 생겼다. 그리고 내 인생의 무대 위에서 마음껏 도전을 노래할 수 있었다. 절망은 희망 앞에서 아무것도 아니라고 소리칠 수 있었다.

지금 나는 무대 아래에 있다. 그러나 예전에 무대 아래 있던 것과는 다르다. 나는 새로운 무대를 연출하고 거기 선 주인공들을 응원하기 위해 내려와 있다. 이제 막 인생의 무대 위에 오른 사람들이 두려움에 포기하지 않도록, 꿈을 마음껏 펼칠 수 있도록 박수쳐주기 위해 무대 아래에 내려와 있는 것이다.

나는 꿈꾸기조차 힘들어서 아직 무대 아래에만 머물러 있는 이들에게 내가 본 그 희망의 빛을 전하고 싶다. 꿈을 향해 달려가고 싶어도 현실의 벽에 부딪쳐 무대 아래에서 헤매는 이들이 고개를 들도록 해주고 싶다. 그리고 무대 위로 어서 올라가라고 등을 밀어주고 싶다. 그들이 올라간 그 무대 위에서 마음껏 희망의 노래를 부르라고 말해주고 싶다.

희망의 빛을 진 사람, 희망의 빛을 나누는 사람

희망은 '노력'과 '은혜'의 합작품이다. 누군가는 노력이 희망을 가져온다고 말한다. 어느 정도는 맞는 말이다. 하지만 노력만으로는 어림도 없다. 그 노력의 과정에는 반드시 누군가의 도움이 필요하다. 내가 인식하든 인식하지 못하든 하나님의 도우심이, 그리고 그분이 연결해준 많은 사람의 도움이 희망의 노래를 이끄는 지휘봉이 된다.

나 역시 희망의 빚을 진 빚쟁이다. 오늘에 이르기까지 아무런 조건 없이 내게 희망을 전해준 사람들이 있다. 희망의 빚을 진 내가 그 빚을 갚는 방법은 나도 그들처럼 희망의 빛을 나누는 사람이 되는 것이라 생각한다.

그래서 나는 어두운 곳을 찾아다닌다. 이 세상에는 과거의 나와 같은 모습으로 살아가는 사람들이 너무나 많다. 암담한 현실에서 허우적대는 사람들, 자신이 원하는 것을 하고 싶지만 할 수 없는 사람들, 감히 꿈을 가질 엄두도 내지 못할 환경에 놓여 있는 사람들……. 내가 받은 빛을 반사해 그들의 어둠을 밝혀주고 싶다.

나의 오페라 인생은 화려한 조명 아래에서만 펼쳐지지 않는다. 아직 희망의 빛을 발견하지 못한 사람들을 찾아가 그 빛을 따라 나아가도록 인도해주는 것이 바로 나의 또 다른 오페라 인생이다.

희망은 함께 불러야 하는 하모니Harmony

오늘날 이 세상이 병들어가는 것은 '나만의 희망'을 꿈꾸기 때문이다. 저마다 혼자만의 희망을 꿈꾸고 이루려고 하다 보니 경쟁이 만연해지고, 시기와 질투가 오히려 원동력이 되었다.

하지만 희망은 결코 1등에게만 주어지는 것이 아니다. 누군가의 자리를 빼앗아야만 얻을 수 있는 것도 아니다. 모두가 함께 가질 수 있는 것이 희망이다. 오히려 모두가 나눌 수 있어야 진짜 희망이다. 희망은 함께 한목소리로 부를 때 가장 아름다운 하모니가 된다.

나는 희망을 나만의 오르골 상자 안에 가두지 않을 것이다. 상자 안에서나 울리는 희망, 나 혼자서만 들을 수 있는 희망으로 남겨두지 않을 것이다. 나는 더 많은 사람에게 이 희망을 힘껏 던져주고 싶다. 희망의 악보를 나눠주고 목소리를 모으고 싶다. 사람마다 환경이나 능력은 다 다르겠지만, 희망은 어떤 삶 속에서나 동일한 행복을 안겨줄 것이다.

나는 모두와 함께 희망을 노래하고 싶다. 그러나 그 전에 먼저 희망을 찾으려 했던 나의 이야기들을 나누려 한다. 그 이야기 속에서 나의 부끄러운 모습, 나의 모자란 모습을 만나게 될지라도 상관없다. 누군가 나에게 디딤돌이 되어주었듯이, 나 또한 다른 누군가에게 디딤돌이 되어주고 싶다. 나의 연약한 모습도 누군가에겐 가능성과 희망이 될 수 있다고 믿는다.

이제 한 편의 오페라 같은 내 삶 속으로 여러분을 초대한다.

프로그램 소개 - 〈오페라스타 2012〉

2011년, 오페라라는 장르를 통해 경합을 벌이는 특별한 무대가 마련되었다. 바로 tvN 〈오페라스타〉다.

〈오페라스타〉는 전문 멘토들의 지도와 훈련 아래 기존 가수들이 성악을 배우고 오페라 아리아를 불러서 최종 우승자를 가리는 서바이벌 프로그램이다.

매주 생방송으로 진행되는 이 프로그램은 시청자들의 문자와 심사위원들의 선택을 통해 매 회마다 탈락자가 결정되며, 마지막 회에서 최종 우승자가 가려진다.

〈오페라스타〉는 당일 경연만 보여주는 것이 아니다. 가수들이 멘토로부터 발성과 창법을 배우고 훈련받는 과정이 속속들이 공개된다. 그런 성장 과정들을 보면서 시청자들은 더 큰 감동을 받게 된다.

2012년에도 〈오페라스타〉가 진행되었다. 2012년 2월 10일부터 3월 16일까지 매주 금요일 9시마다 펼쳐진 〈오페라스타 2012〉 역시 많은 화제를 낳았다.

이번에 오페라에 도전한 가수는 김종서, 박지윤, 손호영, 박기영, 다나, 주희, 박지헌, 더원이다. 작년과 마찬가지로 다양한 장르의 대중 가수들이 새로운 도전장을 내밀었다.

8명의 도전자들은 매주 생방송 경연을 통해 최종 우승자를 가렸고, 2011년에 테이가 우승한 것에 이어 2012년에는 박기영이 최종 우승을 차지했다.

〈오페라스타 2012〉에서는 이 책의 저자인 테너 조용갑, 소프라노 한경미, 지휘자 서희태, 연출가 이경재가 멘토이자 심사위원으로 나서서 활약했다.

– 편집부

제 **1** 막

Prelude of Opera
for Hope

희망의
전주곡

말 한마디가 누군가의 인생에 중요한 씨앗이 될 수 있다. 무엇보다 나에게 관심을
가져주고 믿어준다는 것 자체가 나를 흥분시키기 때문이다. 누군가가 나를 믿고 지
켜봐주는 것, 그것만큼 삶에 힘을 불어넣는 것이 또 있을까?

01

어두움 속에서도
싹을 틔우다

나의 고향 가거도. 우리나라 최서남단에 있는 섬이다. 서울보다 중국이 훨씬 가깝다. 중국 산둥반도에서 새벽닭이 울면 가거도까지 들린다는 말이 있을 정도다. 이곳은 6 · 25 전쟁 때도 우리나라에 전쟁이 일어난 줄 모르고 평화롭게 지냈을 정도였다. 육지에 가려면 15일 이상 배를 타야 할 만큼 멀어 대부분의 육지 사람들에게 미지의 땅으로 알려져 있다. 한때는 '가히 아름다운 섬' 이라는 의미의 가가도可佳島라 불렸던 그곳은, 최근 '1박 2일' 이라는 TV프로그램에 나온 이후로 많은 사람들에게 알

려지면서 '가히 살 만한 섬' 가거도可居島가 되었다.

　우리 집안은 분명 그런 아름다운 곳에서 '살 만한 인생'을 꿈꾸며 시작되었다. 나의 할아버지는 배 사업을 크게 이루셨고, 큰 배와 선원들도 많았다. 마을 사람들의 생계를 책임질 정도로 풍족한 재력을 지닌 집안이었다. 그러다 보니 동네 사람들은 할아버지를 어르신으로 모셨다. 지금 비록 할아버지는 돌아가시고 안 계시지만, 동네 나이 많으신 분들은 우리 할머니를 여전히 '어르신'이라 부른다.

　아름다운, 그리고 살 만한 곳……. 이 이름처럼 나의 어린 시절 역시 아름다웠을까? 그리고 살 만했을까? 돌아보면 아름답 긴 했지만 그다지 살 만하지 못했다. 내가 태어날 즈음 우리 집 의 가세는 거센 파도와 함께 점점 무너지고 있었다.

아버지는 가업을 이어 배 사업을 하셨는데, 파도가 워낙 세다 보니 배가 수시로 부서져서 이를 수리하거나 아예 다시 만드는 작업을 반복해야 했다. 잦은 태풍과 자연 재해는 인간의 노력을 무색하게 했다. 급기야 태풍으로 물에 빠져 죽는 사람들도 늘어 만 갔다.

하지만 아버지는 포기하지 않으셨다. 파도와 태풍으로 배가 망가져도 빚을 내 배를 수리하며 계속 사업을 이어나가셨다. 하 지만 그런 아버지의 노력과는 반대로 사업은 점점 힘들어졌고, 사업 규모는 점점 줄어갔다.

이렇게 가세가 기울어가는 상황에서 누나가 태어났다. 10년 만에 겨우 얻은 귀한 딸이었다. 그리고 이어서 태어난 나는 우리 집안에 더 큰 기쁨을 안겨주었다.

남부럽지 않게 축복과 환영을 받으며 태어났지만, 동시에 현 실은 점점 막막해져 갔다. 이러한 무대에서 나의 고군분투의 막 이 올랐다.

사업이 계속 실패하자 결국 아버지의 의지마저도 바닥을 치고 내려앉았고, 아버지의 삶도 함께 무너지기 시작했다. 술을 드시는 횟수가 잦아지더니 급기야 도박에까지 손을 대기 시작하셨다. 그러니 우리 집 가세는 더욱 기울 수밖에 없었다.

사실 우리 아버지는 그 누구보다 성실했고 열심히 사셨다. 내 기억 속의 아버지는 정말 멋지고 존경스러운 분이셨다. 멋진 언변을 갖추셨고, 인심이 후하셔서 이웃들에게 늘 가진 것을 나누셨다.

하지만, 그건 술을 드시지 않을 때만 해당되는 이야기였다. 계속되는 사업 실패로 인해 술을 벗 삼은 아버지는 술만 드시면 사람이 180도 변했다. 답답한 마음을 풀 길이 없어 우리에게 폭력을 행사하는 날도 늘어갔다. 이러한 아버지는 우리 형제들에게 점점 공포와 두려움의 존재가 되어갔다.

그 시절 내가 터득한 삶의 지침 중 하나는, 때로는 도망가는 것이 최상의 대안이 될 수 있다는 사실이었다. 자고 있다가도 멀리서 아버지 오시는 소리가 들리면 등에서부터 식은땀이 흐르고 마음이 조여왔다. 불안감이 극도로 치달았다. 나는 얼른 일어나

서 자고 있는 동생과 누나를 깨워 잽싸게 도망치곤 했다. 집에
있다가는 밤새 괴롭힘을 당하기 때문이다. 아버지는 우리 형제
들과 누나를 전부 다 깨워서 일으켜 세운 뒤 노래를 시키기도 하
고, 자신의 힘든 이야기를 밤새 구구절절 반복하곤 했다. 듣다가
졸기라도 하면 바로 밖에 나가 무거운 통나무를 갖고 오셔서 세
형제가 함께 들도록 시키셨고, 힘들다고 불평하면 바로 폭력이
이어졌다. 정말 끔찍했다. 그런 일은 아버지가 주무시기 전, 새
벽 5, 6시까지 계속되었다.

　서글프게도 이 경험은 어린 날의 기억으로 그치지 않았다. 국

민학교현재 초등학교 6년과 중학교 3년, 9년 동안 아버지의 이러한 모습은 끝날 줄을 몰랐다. 그럴수록 나는 아버지를 향한 반항심만 더욱 커져갔다. 마음속 깊이 분노와 불만이 계속 자랐다. 아버지가 술을 안 드시고 오시는 날이 희한한 날이었을 정도다. 운이 좋은 날은 아버지가 집에 오시기 전에 미리 나가 다른 곳에서 자기도 했고, 수없이 많은 밤을 밖에서 떨며 아버지가 주무시기만을 기다리기도 했다.

아버지를 설득하고 말리던 어머니도 나중에는 지치셔서 우리와 함께 도망가시곤 했다. 그럴 때마다 나는 어머니의 손을 잡고 이렇게 말했다.

"어머니, 저는 절대 술을 마시지 않을게요. 그리고 돈 많이 벌어서 어머니 꼭 호강시켜 드릴게요."

어린 나이의 약속이었지만, 지금까지 한 번도 술을 입에 댄 적이 없을 정도로 결연한 다짐이었다. 그리고 그때, 속으로 굳게 결심한 것이 하나 더 있었다.

'나는 절대 아버지를 닮지 않겠어.'

나는 술을 마시지 않은 아버지의 모습이 그리웠다. 남들처럼 온 식구가 함께 밥상 앞에 둘러앉아서 밥 먹는 것도 너무 그리웠다. 친구들 집에 가면 다들 그랬다. 그게 당연한 건데도 나는 친구들이 너무나 부러웠다.

어쩌면 어린 시절 나에게 있어서 아버지라는 존재는 어두운 그림자였다. 두려웠으나 그림자처럼 절대 피할 수 없는 존재. 어린 나이에 절벽에서 떨어져 죽을 결심까지 하게 했던 존재. 그러나 아무리 도망가려 해도 가족이라는 끈으로 묶여 있어 벗어날 수 없는 존재.

♪
Sequence 3 뼛속 깊이 새겨진 사랑의 흔적

아버지가 집에 들어오실 때면 온 동네에 "재산목록 1호!"라고 외치는 소리가 쩌렁쩌렁 울렸다. 차도 하나 없고 사람도 많지 않은 조용한 동네에 아버지의 목소리가 시끄럽게 울리기 시작하면, 우리는 이 소리를 신호로 삼아 도망치곤 했다.

그런데 나이가 들수록 그 '재산목록 1호'라고 우리를 부르는 아버지의 말이 가슴에 남았다. 어린 시절 아버지에 대한 원망이 가득했지만, 그래도 아버지가 우리 가족들을 사랑하신다는 사실을 의심해본 적은 없다. 돌아보면, 비록 표현은 잘못되었을지라도 여느 아버지와 다름없이 아버지는 가족들을 사랑하셨다.

내 몸에는 절대 잊어버릴 수 없는 아버지의 사랑의 흔적이 새

겨져 있다. 어릴 적 다리를 다쳤는데 제때 치료를 받지 못하고 그냥 놔두다보니 상처가 아물지 않고 고름이 생겼다. 이 때문에 치료를 해야 했는데, 가거도에는 제대로 된 병원이 없었다. 그나마 하나 있는 작은 보건소를 찾았지만, 그곳에서 해줄 수 있는 것이라곤 겉으로 보이는 상처를 치료하는 것뿐이었다. 결국 상태는 점점 악화되어 심각한 상황이 되었다.

아버지는 나를 배에 태워 목포의 큰 병원으로 향했다. 당시는 나침반이나 해양장비가 발달하지 않아서 배를 타고 목포까지 가려면 꼬박 15일 정도를 가야 했다. 언제 큰 파도가 와서 조그마한 배를 덮칠지도 모르는 긴 여행이었다. 그리고 아버지는 배 멀미 때문에 제대로 못 먹고 시름시름 앓는 아들을 지켜보셔야 했다. 이렇게 우리는 목숨을 건 사투를 벌이며 어렵게 목포에 있는 병원에 도착했다. 그러나 의사의 말은 너무 충격적이었다.

"다리를 자르는 것밖에는 다른 방법이 없습니다."

"지금 무슨 말씀을 하는 거요? 나는 아들을 죽이면 죽였지 그럴 수는 없습니다."

아버지는 병원 문을 부서져라 닫으시고는 씩씩거리며 나를 데리고 다른 병원을 계속 찾아다니셨다. 그렇게 수소문을 해서 겨우 찾아낸 병원에서 수술을 받을 수 있었다.

다리의 살을 헤집어서 뼈와 고름을 긁어내는 고통스러운 수술이었다. 병원에서는 뼈가 자랄 때까지 치료를 받으며 기다려야 한다고 했다. 하지만 그때까지 병원에 입원할 돈이 우리에게 있을 리 없었다. 결국 그냥 집으로 돌아왔는데 아니나 다를까, 수술 후 봉합을 제대로 못한 탓에 뼈가 드러난 상태로 다리가 자라게 되었다.

사실 이 일은 내가 아주 어릴 때의 일이어서 나는 잘 기억이 나지 않는다. 하지만 할머니로부터 그때 어떤 일이 있었는지를 들을 수 있었다. 그리고 어릴 때부터 수차례 들었던 그 이야기는 내가 아버지에게 실망할 때마다 변치 않는 아버지의 사랑을 되새겨주었다.

아버지는 나를 위해 목숨을 걸만큼 간절하고 절박하셨다. 힘들게 낳은 아들인데, 섬에서 제대로 치료도 못 받고 다리를 자르게 될까봐 나를 데리고 이 병원 저 병원을 찾아다니셨다. 어려운 가정 형편으로 아들을 끝까지 치료도 못 시키고 집에 돌아오면서 아버지는 아마도 끊임없이 스스로를 다그쳤을 것이다. 가장으로서 무거운 책임감을 안고 서러운 현실 앞에서 외로운 싸움을 하셨을 것이다.

지금도 나의 다리에는 뼈가 드러나 있다. 이 흔적은 박물관에 보관 된 보물처럼 고스란히 내 몸에 보존되어 있다. 그때의 아픔과 아버지의 사랑을 훼손 없이 간직한 채…….

Sequence 4   여자가 아닌, 어머니의 일생

가난한 형편과 아버지의 폭력은 나의 어린 시절뿐 아니라 어머니의 삶까지 더욱 힘들게 만들었다. 어머니는 가거도의 힘든 삶에 전혀 어울리지 않는 착한 성품의 소유자셨다. 남들과 싸우지도 못하고 거칠지도 못해 손해를 많이 보셨다. 그런 데다 아버지의 사업은 갈수록 기울기만 하니, 결국 어머니는 가족의 생계를 위해 약초를 캐러 다니셔야 했다. 어머니의 삶은 '여자의 일생'으로 볼 수 없을 만큼 정말 고단했다.

한번은 우리 집에 불이 난 적이 있었다. 여러 가지로 한이 많으셨던 아버지가 술을 마시고 불을 지르신 것이었다. 정말 이 기가 막힌 현실 앞에서 어머니는 그 불을 다 끄고, 뼈대만 남은 집을 고쳐서 살림을 꾸려 나가셨다. 아버지가 벌이신 사건 사고는 그뿐만이 아니었다. 그때마다 어머니는 군소리 없이 일을 수습하셨고, 꿋꿋이 이겨내셨다. 아니, 자식들 때문에 이겨내실 수밖에 없었다. 그러니 어머니의 속은 어떠셨을까? 나중에 알게 된 사실이지만, 계속되는 힘든 현실에 어머니는 자살하려고 여러 번 약을 드시려고 하다가도, 자식들 생각에 마음을 돌린 것이 한두 번이 아니라고 하셨다.

어머니는 늘 우리 형제들을 바르게 키우기 위해 최선을 다하셨다. 일을 나가시면서 어머니는 우리들에게 항상 미션을 주셨다. 그 미션은 다름이 아니라 "산에서 나무 해 와라.", "밥 해 놔라." 하는 것들이었다. 어머니가 없어도 알아서 집안일을 하며 책임감 있게 자라도록 하기 위한 어머니만의 교육법이었던 것 같다. 우리에게는 학교에서 내준 숙제보다 어머니의 숙제가 훨씬 더 크고 중요했다. 하지 않으면 어머니의 엄한 꾸중이 기다리고 있었기 때문이다.

어리고 철없는 내가 이 미션을 달갑게 받아들였을 리 없다. 친구들과 축구를 하다가도 매번 밥할 시간에 맞춰 집에 가야 하는 것이 너무 싫었다. 그래서 놀다가 이를 잊어버린 적이 한두 번이 아니었다. '큰일 났다.' 하면서 들어가면 아니나 다를까, 어머니는 소리를 버럭 지르시며 나가라고 난리가 났다. 몽둥이를 들고 쫓아오시는 것을 재빠르게 피해 도망 나가면, 그때부터는 배가 고파왔다. 밖에서 혼자 서럽게 울고 있을 때, 집에서 들려오는 밥솥 긁는 소리는 나의 마음을 더욱 서글프게 만들었다.

어머니는 아들을 굶길 정도로 드센 분이 아니셨지만, 밖으로만 나돌고 삐뚤어져가는 아들이 더 이상 엇나가는 것을 막기 위해 쓰신 방법이었다.

강인한 사랑은 사람을 강인하게 만든다. 여리고 약한 사람도 강인한 사랑이 마음에 있다면 그 누구보다 강한 사람이 될 수 있다. 그래서 "여자는 약하나 어머니는 강하다."라는 말이 있나 보다. 그리고 그 사랑을 받은 사람은 더욱 강한 사람이 되어 간다. 무슨 일을 하든지 포기하지 않고 도전하게 되고, 꿋꿋하고 강인하게 세상을 살아가게 된다.

어머니는 시들어가는 우리 집에 생명력을 안겨준 존재셨다. 어머니는 쓰러지고 기울어지는 집안에서도 쓰러지지 않으시고 버팀목이 되셨다. 오히려 쓰러져갈수록 산과 일터에서 더 많은 일을 하시고, 우리에게 더 큰소리를 내셨다. 참담하고 암울했던 집 안에 퍼진 어머니의 호통은 우리 형제들에게 더욱 열심히 살아가라는 외침이 되지 않았나 싶다. 그래서 비록 불만이 가득했고 배고팠던 어린 시절이었지만 쓰러지거나 포기하지 않을 수 있었다. 어머니의 강인한 사랑이 나를 지켜주었던 것이다.

지금 어머니는 그때의 일들을 기억하실까? 어머니는 요새 아들 자랑을 삶의 낙으로 삼고 계신다. 주위에서 아들을 칭찬하며 한턱 내라고 할 때마다 어깨에 힘을 주고 다니시곤 한다.

부디 바람이 있다면, 어머니가 과거의 고생을 잊고 고생이 낳은 지금의 보람만 느끼셨으면 하는 것이다. 어머니의 고생을 기억하는 것은 나 한 사람으로 족하다. 나는 그 기억을 발판 삼아 앞으로 전진하면 되고, 어머니는 그저 아들의 성공을 바라보며 웃으시기만을 바랄 뿐이다.

가거도 멸치잡이 노래(무형문화재 제22호)

① 어이 가리 어이 가리, 이 노래를 이 나이에
　우리 갈 곳 어이 가리

〈후렴〉 에헤야 술배야, 퍼실어라 퍼실어라
　　　에헤야 술배야

② 만경창파에 흐르는 재물, 건진 자가 임자로세

〈후렴〉 × 2

③ 우래 배 임자 재수 좋아, 간 데마다 만선일세

〈후렴〉 × 2

④ 그물코 맷고 흐르는, 재물 노력으로 잡아다가
　귀히 부모, 처자식 극진 공대하여 보세

⏩   ⏮

〈후렴〉 × 2

⑤ 높고 높은 상상봉이, 평지가 되거든 오시려나

〈후렴〉 × 2

⑥ 병풍에 그린 닭, 두 활개 훨훨 치며,
   꼬꼬 울거든 오시려나

〈후렴〉 × 2

⑦ 우리 고장에 들어온 멸치, 우리 배 망자로 다 들어온다

〈후렴〉 × 2

※ 흑산면 가거도에 전승되는 어로요漁撈謠인 멸치잡이 노래는 가거도를 알
   리게 된 문화재다. 멸치잡이 노래가 무형문화재 제22호로 지정된 것은
   1988년이다.

— 편집부

02

내 인생의
유일한 돌파구

Sequence 1 함께였기에 즐거웠던 시간들

"오늘은 무화과가 잘 익었다. 밤에 뻐꾸기 소리 나면 나와라."

낮에 길을 지날 때면, 나는 동네 친구들을 모아놓고 이렇게 말
했다. 그렇게 밤마다 모인 아이들과 안 해본 서리가 없었다. 덕
분에 주인집에서 끼얹는 물세례도 많이 맞았다. 특히 봄이면 새
고구마가 자라는데, 익기 전에 그것을 캐 먹으면 굉장히 달고 맛
있다. 우리는 식량을 미리 보충해놔야 한다며 남의 집 고구마를
잔뜩 캐서 비축해놓기도 했다.

어린 시절의 나는 동갑 친구들보다는 동생들과 더 많이 어울

렸다. 동생들은 친구들보다 내 말을 더 잘 따랐기에 함께 어울리기가 편했다. 그렇게 내 말 잘 듣는 아이들을 모아 산속에 집을 지었다. 땅을 파고 나무를 이용해서 마치 타잔이 만든 집처럼 본부를 만들었다. 심지어 나무를 타야만 들어올 수 있는 비밀기지도 설치했다. 그곳은 우리만의 비밀신호를 댄 사람들이 들어올 수 있는 요새였다. 우린 그곳에서 무술 연습을 하며 오지도 않는 적과 맞서기 위해 나름의 준비를 갖췄다.

그것으로도 모자랐는지, 본부로 오는 길에는 함정까지 만들었다. 땅을 파서 나뭇가지와 나뭇잎으로 덮어놓고 지나가는 사람을 빠뜨리거나, 길게 자란 갈대를 길 양쪽으로 묶어 놓고 사람들이 걸려 넘어지게끔 함정을 만들기도 했다.

어느 날은 적을 제대로 골려주기 위해 함정 안에 오물까지 넣어놓고 잠복해있었다. 그런데 하필이면 함께 함정을 만든 친구의 어머니가 그곳을 지나가다가 빠지셔서 그 친구가 이러지도 저러지도 못하고 난감해했던 적도 있었다.

우리의 장난은 그 정도로 그치지 않았다.

겨울철 어느 날, 아이들과 산에 올라 둥글게 앉아서 라이터로 불장난을 했다. 불을 지펴서 불이 붙기 시작하면 끄고, 다시 지폈다가 끄기를 반복했다. 그런데 기어이 일이 터지고야 말았다. 갑자기 바람이 불면서 불이 퍼지기 시작했다. 삽시간에 불길이

번졌고 함께 불을 끄던 아이들은 겁에 질려 도망가 버렸다. 홀로 남겨진 나는 혼자서라도 어떻게 해서든 불을 끄려고 안간힘을 썼지만, 도저히 감당할 수가 없었다. 급기야 나도 도망가고 말았다.

결과는 참담했다. 작은 불장난 때문에 산의 반 정도가 타버렸다. 옛날 어른들은 무덤이 타면 조상이 나간다고 믿었기 때문에, 큰일이 났다며 사건의 원인을 찾으려 했다. 하지만 다행히 그 자리에 있던 공범들은 아무도 입을 열지 않았고, 결국 원인은 밝혀지지 못했다. 아마 마을 어른들은 최근까지도 그게 누구의 소행인지 모르셨을 것이다. 이제는 밝혀졌지만……. 공소시효도 지났고 철없을 때 저지른 일이니 용서해주시길 내심 바라고 있다.

당시에는 웃지 못할 이야기들, 그러나 지금은 웃으며 말할 수 있는 그 엉뚱한 일을 벌이던 시간들이 있었기에 나는 가난하고 고달팠던 현실을 잠시나마 잊을 수 있었다. 그리고 내 인생에도 즐거운 날이 올 거라는 작은 소망을 가질 수 있었다.

나는 가끔 생각해본다. 만약 내 삶에 그런 즐거운 시간들이 없었다면 어땠을까? 분명히 지금의 나는 없을 것이다. 친구들과 함께했던 그 시간들. 함께 울고 웃고 사고도 쳤던 그 시간들은 내 인생에서 가장 멋진 추억으로 남아있다. 추억이 아름다울 수 있는 것은 누군가와 함께했기 때문이다. 아무리 큰 사건일지라도, 나만의 일은 그저 '소중한 기억' 정도로 남을 뿐이다. 그러나 그 기억의 자리에 많은 사람이 함께했을 때 추억의 맛은 서로의 기억 속에서 더 깊어지고, 추억의 향기는 그 기억을 나누는 가운데 더 강하게 남는다. 추억은 누군가가 함께했다는 사실만으로도 공감과 격려를 가져다준다.

어린 시절의 나는 왜 그토록 사고를 많이 치며 겉돌았을까? 지금 생각해보면 집이 어린 나에게 안식처가 아니었기 때문이었다. 내가 기억하는 집은, 가세가 기울어 가난에 허덕이고 술과 폭력을 휘두르시는 아버지와 그에 시달리시는 어머니의 모습이었다. 부모님의 사랑과 관심은 멀게만 느껴졌다. 나는 밖에서 무언가 집을 대치하는 나만의 공간을 만들어 그 안에서 즐기는 법을 터득하며 위로를 받고 싶었던 것인지도 모른다. 비록 친구들과 사고는 많이 쳤지만, 끈끈한 우정이 나를 정서적으로 많이 보듬어주지 않았나 하는 생각이 든다.

어린 시절 만화책을 독파하면서 나에게는 조금 독특한 꿈이 생겼다. 바로 같이 놀던 아이들을 만화책에 나오는 것처럼 훈련시켜 멋진 사람으로 만들어야겠다는 꿈. 그리고 그 꿈을 이루기 위해 군대보다 더 과격한 훈련들을 도입했다.

꼬맹이들을 데리고 다니면서 일종의 유격훈련을 했다. 절벽에 줄을 내려서 올라갔다 내려갔다 하는 줄타기 훈련과, 태권도, 텀블링, 각개전투 등 군대 훈련을 초등학생 때 이미 다 떼고도 남을 정도였다.

한번은 1박 2일 동안 산을 헤매고 다닌 적도 있었다. 산에 사는 야생 염소를 잡겠다며 아이들을 데리고 가거도에서 가장 높고 험한 산인 독실산에 오른 것이다. 그것도 추운 한겨울에 말이다. 나름 체계적인 준비를 위해 미리 배낭에 짐도 챙기고 떠났는데, 저녁이 되니 물도 없고 잘 곳도 없었다. 눈을 녹여서 겨우 라면을 끓여 먹고는 컴컴한 산을 헤매다 동굴에서 덜덜 떨면서 잤다. 결국 염소도 못 잡고 엄청 고생만 하고 내려왔지만 이것 역시 하나의 귀중한 훈련이었다. 목숨을 걸고 산을 탄 그 용기는 도전하지 않았으면 절대로 얻을 수 없는 것이었으니까.

또 하루는 아이들을 다 모아서 뗏목을 만들었다. 긴 나무들을 모아서 밧줄로 엮어 그럴싸한 뗏목을 완성했다. 당시 겨울 바다에는 물오리가 있었는데, 그 오리를 잡기 위해 시작된 모험이었다. 오리들은 물속으로 들어갔다가 숨이 차면 다시 올라와 숨을 쉬고, 또 다시 들어갔다 나왔다 하기를 반복했다. 우리는 오리가 올라올 때 돌로 머리를 맞춰 오리가 기절하면 그물로 잡아 올리기로 하고 바다로 나갔다. 긴 나무막대기를 이용해 노를 삼고, 만약의 사태를 대비해서 닻도 달았다.

나를 포함한 아이들 일곱은 오리사냥을 위해 돌멩이를 몇 개씩 뗏목에 싣고 노를 젓기 시작했다. 노래를 부르며 부푼 마음을 안고 바다로 나갔다.

"야! 오리들아, 나와라!"

"영차! 영차! 오리 잡으러 가자!"

막상 뗏목이 움직이니 약간은 두렵기도 했다. 하지만 멀리 오리들이 움직이는 모습을 보고는 오리를 잡을 수 있겠다는 기대감으로 두려움도 잊어버렸다. 그러고는 오리가 올라오기만을 기다렸다. 바로 그때 누군가가 소리쳤다.

"오리다!"

"와! 오리가 나타났다!"

물속에 있던 오리가 숨을 쉬기 위해 수면 위로 올라온 것이다. 아이들은 그 오리를 잡으려고 돌을 들고 몰려들었다. 그런데 너무 흥분한 나머지 모든 아이들이 한꺼번에 한쪽으로 몰려 그만 뗏목이 뒤집어졌다. 순식간에 모두 바다에 빠지고 말았다. 수심이 20미터나 되는 바다에, 그것도 한겨울에 말이다. 엎친 데 덮친 격으로 빠진 아이들 중 수영을 할 수 있는 사람은 단 세 명뿐이었고 나는 그 셋 중에 하나였다. 바다에 빠져서 물속에 쑥 잠겼다가 위로 올라가는 그 순간, 나는 머릿속으로 수영을 못하는 아이들이 누구누구인지 생각하고 물 밖으로 얼굴이 나오자마자 그 아이들부터 찾았다.

그런데 다행히 모두들 뗏목을 잡고 있었다. 게다가 혹시나 해서 만들어둔 닻이 뗏목이 뒤집어지면서 바닥에 박히는 바람에 뗏목은 더 이상 바다로 떠내려가지 않았다. 만약 닻이 없었더라면 우린 아마도 중국까지 떠내려갔을 것이다.

일단 아이들을 전부 구하기 위해서는 내가 수영해서 마을로 돌아가는 방법밖에 없었다. 다행히 나는 수영을 잘했기 때문에 쉬지 않고 열심히 헤엄쳐 나갔다. 그런데 시간이 흐를수록 체력도 떨어지고 물이 너무 차가워서 중간 즈음부터 몸이 굳어지기 시작했다. 그래도 다른 생각은 들지 않았다. 아이들을 살려야겠다는 생각만이 머리에 가득했다. 정말 죽기 살기로 수영을 했다. 그래서 간신히 육지에 도달했지만 도움을 청하러 마을로 가기도 전에 그만 그 자리에서 쓰러지고 말았다.

46

얼마나 시간이 흘렀을까? 정신이 들어서 눈을 떠보니 그냥 그 자리에 내가 누워 있는 것이 아닌가. 나는 번뜩 아이들 생각이 나서 부랴부랴 마을로 뛰어 들어갔다. 다행히 아이들은 무사히 마을에 돌아와 있었다. 그곳을 지나가던 배가 아이들을 발견해 구했던 것이다. 하지만 아이들을 모두 죽일 뻔한 나는 집에 돌아와서 부모님께 죽도록 매를 맞아야 했다.

아이들과 함께했던 이야기는 이 외에도 정말 많다. 아마 따로 책 한 권을 다 채우고도 남을 것이다. 가거도에 계신 어른들이 그 모든 이야기를 알았다면 나를 가만두지 않으셨을 것이다. 목숨을 내건 훈련을 시켜 아이들이 몇 번이나 위험한 고비를 넘겼다는 건 차라리 모르시는 게 낫다.

어린 나의 마음속에는 그렇게 도전에 대한 열망과 모험심이 가득했다. 도전할 때만큼 내가 살아 있는 것이 생생하게 느껴진 적이 없었다. 그리고 아이들을 훈련시키고 가르치는 것만큼 내게 의미 있는 일도 없었다. 그래서 내게 도전은 생활이자 일상이었다.

Sequence 3 결정적 격려

이렇게 사고를 많이 쳤기 때문에, 마을에서 나는 악동으로 통했다. 집에서도 귀여움을 받지 못했다. 부모님은 나에게 심부름을 시키시려다가도 "얘는 말을 안 듣지." 하시며, 나와 반대로 말을 잘 듣는 동생을 시키곤 하셨다. 나는 그렇게 미운 털이 박혀있었다. 그리고 내적으로도 아버지의 폭력과 어려운 가정환경 때문에 늘 불만이 많았고 반항적이었다. 그나마 아이들은 내가 재미있다며 따르긴 했지만 말이다.

갈수록 심한 장난을 치다 보니 동네에서는 더욱 악명이 높아졌다. 정확히 말하면, 마을 어른들에게 완전히 찍혀 '경계 대상 1호'가 되어버렸다. 어른들은 내 친구들에게 "조용갑이랑은 놀지 말아라."라고 하시며 나를 미워하셨다. 사실 매일 사고를 치는 아이를 누가 좋아했겠는가.

그런데 동네에서 딱 한 분, 나를 좋게 보신 분이 계셨다. '김창대'라는 어르신인데, 그분만은 내가 큰일을 할 놈이라고 하셨다. 동네 분들이 전부 아버지 앞에서 나를 나무랄 때면, 그분만큼은 "용갑이는 큰일을 할 놈이다."라며 내버려두라고 하셨다.

나는 그분의 말씀을 늘 마음속에 간직했다. 그 한 마디가 나에게는 언제 어디서나 자신감을 잃지 않을 수 있는 힘이 되었다.

그야말로 '결정적인 한 마디'였던 것이다. 그분 덕에 나 역시 나의 환경을 뛰어넘어 내 안에 있는 가능성을 볼 수 있었다. 나는 스스로에게 늘 말하곤 했다.

"그래, 나는 반드시 큰일을 할 거야."

말 한마디가 누군가의 인생에 중요한 씨앗이 될 수 있다. 무엇보다 나에게 관심을 가져주고 믿어준다는 것 자체가 나를 흥분시키기 때문이다. 사실 김창대 어르신의 말씀을 토씨 하나 안 빠뜨리고 정확히 기억해낼 수는 없지만, 분명히 기억하는 것은 모두가 나를 나무라도 그분은 내게 애정 어린 관심을 가지셨다는 사실이다. 동네 주민이라는 것 외에는 아무런 연고도 없는 나에게 말이다. 당시에 여기저기에서 외면 받았던 나에게 그분의 관심은 희망의 기운을 불어넣어주기에 충분했다.

누군가가 나를 믿고 지켜봐주는 것, 그것만큼 삶에 힘을 불어넣는 것이 또 있을까?

"힘내, 잘되겠지."라고 막연하게 던지는 위로보다 이런 말이 더 큰 위력을 갖고 있다.

"내가 너를 지켜보면서 느낀 건데, 너는 충분히 할 수 있어."

그 누구도 그 사람이 실제로 잘해내게 될지는 모른다. 하지만 그 사람 안에 있는 가능성을 인정해주는 것만으로 그 사람은 정말 그것을 가능하게 만드는 사람이 된다. 그 격려 하나로 일어설 이유가 생기는 것이다. 진정으로 응원해주는 한 사람 때문에 오늘도 누군가는 도전하고 노력한다.

세월이 많이 지나도 김창대 어르신의 말씀 한마디는 내게 생생하다. 어두운 현실밖에 볼 수 없었던 내게 그 관심은 작은 희망이 되었다. 나 역시 늘 그런 관심으로 누군가에게 힘이 되어주고 싶다는 생각을 한다. 작은 장난에서도 그 사람의 가능성을 발견할 수 있었으면, 바쁜 일상 속에서도 누군가의 행동을 지켜보며 관심을 갖는 여유를 누렸으면 좋겠다.

의미 없는 '화이팅' 구호가 아니라, 진정한 관심 속에 베어나온 격려로, 쓰러져가는 인생을 세울 수 있기를 꿈꾸어본다.

♪ *Sequence 4* 꿈을 꿀 수 있다는 것

그래도 가거도는 나에게 꿈꿀 수 있는 환경을 제공해주었다. 그때는 못 느꼈지만, 더 비뚤어질 수도 있었던 나를 감성적으로, 정서적으로 붙들어준 것은 가거도의 자연이었다. 힘들 때마다 집 근처 숲으로 가서 나무를 타거나 절벽에 가서 바다를 바라보곤 했다. 아마 섬에 사는 사람들이라면 이 기분을 알 것이다.

물론 절망적인 상황일 때는 섬 안에 내가 갇혀 있는 것 같아 막막하게 느껴지기도 하지만, 드넓게 펼쳐진 자연은 나에게 큰 위로가 되었다. 바다를 바라보고 있으면 저 멀리 새로운 세계가 펼쳐질 것 같았고, 언젠가 이곳을 떠날 희망찬 꿈을 갖기도 했다.

그때의 꿈은 권투선수도, 성악가도 아니었다. 내가 하고 싶었던 것은 축구선수였다. 그때는 축구공도 없어 돼지 오줌통을 불어서 말린 후, 그것이 굳어지면 축구공 삼아 놀았다. 그런데 그 당시만 해도 마을에 누가 돌아가셔야 돼지를 잡았다. 지금 생각해보면 얼굴이 화끈거릴 정도로 철이 없는 생각인데, 그땐 '어느 집 할머니 안 돌아가시나?' 하는 생각을 하기도 했다. 그래야 고기도 먹고 오줌통도 얻을 수 있으니…….

하지만 나는 축구선수가 되고 싶어도 돈이 없어서 배울 수가 없었다. 축구를 배우려면 서울에 가야 하는데, 꿈도 못 꿀 일이었다. 학비도 못 내고 용돈도 전혀 받아본 적이 없을 정도인데 축구 배울 돈이 어디 있겠는가.

어렸을 때부터 스스로 용돈을 벌어 생활하는 게 당연한 일이었다. 섬에서 돈 버는 방법은 다양했다. 절벽에 매달려 난이나 쑥, 칡 같은 것들을 캐기도 했다. 그리고 지네를 잡아다 팔아 100원에서 200원 정도 받기도 했다. 지네보다 더 돈을 많이 받을 수 있는 것은 뱀이었다. 뱀은 무려 1,000원이 넘는 고가의 상품이지만, 우리가 잡아야 하는 뱀은 대부분 독사였다. 한번은 동생이 장난을 치다가 물려서 죽을 뻔한 적도 있었다. 지금 보면 아이들이 그렇게 위험한 일을 했다는 게 믿겨지지 않을 수도 있지만, 섬에서는 그게 자연스러운 용돈벌이였다.

그런데 이와는 차원이 다르게, 나름의 경제력을 키울 수 있는 방법이 있었다. 이것 역시 섬이었기 때문에 가능했는데, 바로 물물교환을 하는 것이다. 당시 원양어선들은 먼 바다에서 작업을 하다가 파도가 거세지면 목포보다는 가거도에 머무르다가 파도가 잠잠해지면 다시 떠나는데, 그때 가서 물물교환을 하곤 했었다. 김치나 쌀을 주면 그쪽에서는 현찰 대신 고기를 준다.

그런데 원하는 사람이 다 물물교환을 할 수 있는 것은 아니다. 배를 잡은 첫 번째 사람에게만 권한이 생긴다. 그러니 산 위에서 대기하고 있다가 배를 발견하면 얼른 뛰어 내려가곤 했다. 1초가 급한 경쟁이었다. 욕하고, 집어 던지고, 말이 장터지 전쟁통이나 다름없었다. 친구들은 그 경쟁에서 이기려고 눈에 불을 켜고 달려들었다. 아예 배에 올라타서 물물교환을 하는 친구도 있었다.

하지만 나에게 그 용돈벌이는 그림의 떡이었다. 나는 배만 타면 멀미를 심하게 했기 때문이다. 어디 가서 섬 소년이라고 명함도 못 내밀 정도였다.

그러던 어느 날, 나에게 갑자기 서울을 구경할 기회가 찾아왔다. 당시에 낙도 어린이들을 서울로 초청하는 사업을 하는 분이 있었는데, 거기에 뽑혀서 서울에 가게 된 것이다.

그렇게 국민학생 때 난생처음 서울에 갔다. 처음 서울 구경을 하며 놀랐던 것을 아직도 잊지 못한다. 문이 달린 흑백 TV, 거리에 다니는 차들이 모두 신기했다. 차 소리가 얼마나 듣기 좋았는지 모른다. 장난감 같은 커다란 게 저렇게 움직이다니······.

더 신기한 것은 횡단보도였다. 책에서만 보던 횡단보도가 내 눈 앞에 있다니. 그림으로 봤을 때는 횡단보도가 다리인 줄 알았다. 구름다리처럼 다리가 놓여있고 그 밑으로 차가 다니는 줄 알았다. 그 위로 사람들이 조심조심 건넌다고 생각했는데 실물로 본 횡단보도는 내 상상과 전혀 달랐다. 그저 모든 것이 신기할 뿐이었다. 낮에 전기를 쓰는 것도 신기했고, 아이스크림도 신기했다. 그때 '비비빅'이란 아이스크림을 보았는데, 우리는 '말거시기'라고 이름을 붙였다. 그래서 아이스크림을 파는 사람에게 가서 "말 거시기 주세요."라고 말하기도 했다.

나들이 중에 누군가 축구화를 샀는데, 너도 나도 부모님이 주신 쌈짓돈으로 축구화를 사기 시작했다. 걸어다니면 자그락자그락 소리도 나는 신발이니 박물관 같은 곳에서는 얼마나 주목을 받았겠는가. 아마 우리를 안내하던 사람도 많이 민망했을 것이다.

나는 그 짧은 기간 동안 서울이라는 세계에서 또 다른 꿈을 꾸었다. 그리고 몇 년 후, 막막하나마 신비로웠던 꿈을 안고 가거도를 떠나 상경하게 된다.

꿈은 있었지만 현실 때문에 꿈꾸지 못했던 시절이었다. 꿈을 이룰 형편은 안 되었지만 그럼에도 무엇인가를 해보려고 발버둥치던 시절이었다. 축구선수라는 그때의 꿈은 추억으로만 남아 있지만, 또 다른 꿈을 꾸고 실현할 수 있었기에 나는 지금 '꿈과 희망'에 대해 이야기할 수 있다.

꿈을 뒷받침해주는 것은 희망이다. 나는 힘들고 어려울 때마다 바다를 바라보며, 도시에 나가면 잘될 거라는 희망을 품었다.

꿈을 이룰 수 있든 없든 간에, '꿈을 꿀 수 있다'는 사실 자체가 소중하다. 꿈을 꾸는 사람에게는 무엇이든 해보려는 의지가 생긴다. 내가 축구와 상관없이 이리저리 말도 안 되는 방법으로 돈을 벌려고 했듯이 말이다. 꿈을 꿀 수 있는 사람은 환경에 의존하려고만 하지 않고 스스로 무엇인가 이루려고 끊임없이 노력한다. 그래서 행여 지금의 꿈이 무산된다고 해도 아픔 속에서 또 다른 꿈을 꾸고 또 다시 부딪칠 수 있다.

낙도 어린이를 위한 한 사람의 헌신

저자가 어린 시절 서울 나들이를 할 수 있었던 것은 '낙도 어린이 후
원회' 피송자 회장의 헌신이 있었기 때문이다.

피송자 회장은 자신의 돈을 들여가면서 1972년부터 낙도 어린이들에
게 특별한 사랑을 베풀고 있다. 피 회장이 계획한 프로그램은 낙도 어
린이를 서울로 초청하여 섬에서는 경험해보지 못한 문화들을 체험하
게 해주는 것이다.

그가 처음으로 도서島嶼 지역 어린이들에게 도움을 주게 된 데는 결정
적인 계기가 있었다.

당시 피 회장은 서울에서 유치원을 운영하고 있었는데, 어느 날 신문
에서 안타까운 기사를 보게 되었다. 경남 고성군 하일면 자란분교 아
이들이 서울구경 비용을 마련하기 위해 갯벌에 바지락을 키웠는데,
그것이 태풍에 휩쓸려 갔다는 내용이었다.

피 회장은 그 기사를 보는 순간 안타까움과 동시에 어떻게든 그 아이
들을 도와야겠다고 생각했고 당장에 고성에 가서 아이들을 서울로 데
려왔다. 그 후 한 해를 빼고 해마다 50~200명씩 낙도 어린이들을 서

울로 초청했다.

저자 역시 피 회장의 도움으로 어린 시절 특별한 경험을 가질 수 있었다. 이렇게 피 회장이 제공해준 그 기회를 통해 희망의 릴레이가 시작된 것은 아니었을까?

– 편집부

03
서울에서 발견한
희망의 빛

중학교 졸업을 앞두고 나는 가거도를 떠나게 되었다. 배가 움직이기 시작할 때의 심경을 아직도 잊지 못한다. 부자가 되지 않고서는 다시 가거도로 돌아오지 않겠다는 생각, 공부도 못하고 일만 해야 하는 현실에 대한 답답함 등이 교차했다. 그러나 그 무엇보다도 내 마음을 무겁게 했던 것은 알 수 없는 미래에 대한 두려움이었다. 새로운 세계는 기대감을 주기도 하지만 그 이면에는 두려움도 있다. 무엇보다 어려운 가정 형편에 쫓겨 손에 쥔 것 하나 없이, 마땅한 계획도 없이 떠나는 이 상황은 미지의 세계를 위협적으로 느끼기에 충분했다.

그렇게 망망대해를 넘어 서울에 도착한 나는 먼 친척과 연결이 되어 임시로 지낼 수 있는 곳을 제공받았다. 그리고 며칠 후 그분을 따라 철공소에 들어가 일하게 되었는데, 다행히 그곳에서 숙식이 제공되는 기숙사 생활을 할 수 있었다. 나는 공장에서 온갖 기술을 배우기 시작했다. 선반, 용접 등 청소년기에 체험하기 힘든 일들을 배워나갔다. 용접을 할 때는 용접 마스크를 쓰고 해야 하는데 하루 종일 쓰지 않고 일하다가 '용접아다리'에 걸렸다. '용접아다리'란 자외선 각막염으로, 눈에 모래가 들어간 것처럼 통증을 느끼는 증상이다. 겪어보지 않은 사람은 상상도 못할 정도로 괴롭고 아프다. 나는 그날 밤새도록 고생했다.

하지만 역시 사람은 다 적응하기 마련이다. 낯설기만 한 그곳도 점점 나에게 익숙해져갔다. 가거도에서는 집안일과 학교생활이 일상이던 나에게 이제는 공장일이 전부가 되었다. 어찌 보면 서글플 수도 있는 현실이지만, 그땐 그 어떤 투정조차 부릴 여유가 없었다. 기름으로 범벅이 된 작업복을 입고 쉴 새 없이 심부름을 해야 했다. 연장을 가져다 달라고 할 때, 처음에는 연장의 이름도 제대로 몰라서 잘못 가져다주면 쇠망치로 맞기도 했다. 어찌나 기술적으로 때리는지 혹은 나지만 피는 절대 나지 않았다. 무엇보다 같이 일하는 사람들이 거칠었기 때문에, 무서

운 분위기 속에서 아프다는 불평조차 하지 못하고 작업을 해야
했다.

나도 섬에서부터 꽤나 거칠게 산 사람이다. 학교에서, 동네에
서 맞기도 많이 맞았으니 금세 익숙해질 법도 한데, 타지에서 잘
모르는 사람들에게 그런 대우를 받으니 너무나 서러웠다. 그 당
시는 수세식 화장실이 드물었다. 냄새가 많이 나는 재래식 화장
실에서 소리도 못 내고 운 적도 많았다.

그때마다 "아무리 힘들어도 열심히 살아라. 뛰쳐나오지 말고
잘 견뎌라." 하시던 어머니의 말씀이 떠올랐다. 힘든데 참으라
는 어머니의 말씀이 원망스럽기도 했지만 타향살이가 계속될수
록 원망보다 그저 가족들이 보고 싶은 마음만 깊어갔다.

그러나 무엇보다 가장 나의 마음을 아프게 했던 것은 또래의
학생들을 볼 때였다. 하필 공장 옆에 여자 고등학교가 있었는데
그러다 보니 여학생들이 교복을 입고 등·하교하는 것을 자주
보게 되었다. 그럴 때마다 내 마음은 무너져 내렸다. 자전거 타
고 심부름을 다니면서 얼마나 많은 눈물을 흘렸나 모른다. 기름
때가 묻은 작업복을 또래 학생들에게 보여주기 싫어서 멀리 돌
아간 적도 많았다. 사실 아무도 나를 눈여겨보거나 알아보는 것
도 아닌데, 나는 그저 혼자 창피할 뿐이었다.

하지만 공장에는 나의 이런 마음을 터놓을 사람도 없었다. 같

은 방을 쓰는 형이 있긴 했지만, 그 형은 술집이나 다방을 들락거리느라 기숙사에서 잠을 잔 적이 거의 없었다. 그래서 나는 거의 매일 밤을 혼자서 자야 했다. 그렇게 아침에는 등교하는 학생들을 보며 마음속으로 울었고, 공장에서는 쉴 새 없이 치여가며 서러움에 울었다. 그리고 밤에는 외로움 속에서 울었다.

이렇게 나는 이른 나이에 부모님으로부터 독립을 하게 되었다. 스스로 자유를 원했던 것도 아니고, 때가 되어서 한 것도 아니라, 쫓기듯 떠밀려서 감당해야 하는 독립이었다. 동기야 어떻든 나는 독립을 통해 외로움과 싸우는 훈련을 할 수 있었다. 생존을 위해 정신적 · 육체적 고생을 감내하는 법도 익혀갔다.

Sequence 2 하루라도 더 누나를 보기 위해 갔던 교회

서울에 상경하고 얼마 되지 않았을 때의 일이다. 철공소에서 일할 당시 유일한 낙이 하나 있었는데, 바로 매주 토요일 누나를 만나는 것이었다. 누나는 나보다 먼저 서울에 와서 일과 공부를 병행하고 있었다. 누나 역시 서울 생활이 녹록지 않았다. 누나는 가거도에서 나와 처음에는 목포에 사시는 고모님 댁에서 얹혀살면서 식모처럼 고생하며 일을 했다. 그후에는 서울에 사시는 고

모님 댁에서 살면서 온갖 집안일을 도맡아서 해야 했다. 누나의 손은 그 또래 숙녀의 손이 아니었다. 손 마디마디가 굵고 거칠어져 있었다. 내색은 안했지만 얼굴에는 늘 피곤함이 역력했다.

무뚝뚝하고 말수도 적었으나 마음만은 그 누구보다도 착했던 누나. 누나는 싹싹하고 세심하게 챙겨주는 성격은 아니었다. 그러나 누나의 말 한마디에는 모든 것이 다 담겨있었다.

"힘든 거 없니?"

그 말 한마디면 족했다. 무심코 내던지는 듯한 말이었지만, 일주일 내내 동생을 염려했을 누나의 마음이 그 한마디 안에 다 담겨있었다. 그렇게 토요일이면 누나는 공장 근처에서 호떡이나 떡볶이를 사주며 소중한 자신의 시간을 나누어주었다. 잠시나마 함께했던 그 시간들이 나에게는 얼마나 소중한 시간이었는지 모른다. 만나고 헤어질 때면 전철 계단에서 서로 울기도 했다. 타향살이의 서러움이 복받쳐 올라와서 울지 않으려고 해도 눈물이 계속 흘렀다. 또다시 찾아올 외로움과 서로에 대한 그리움 때문에 더 많이 울었다. 눈물이 멈추지 않아 뒤돌아서 몰래 울었지만 우리는 서로가 울고 있다는 것을 알고 있었다.

누나를 만날 수 있는 날은 토요일뿐이었다. 일요일에도 공장에 안 가기 때문에 같이 있어도 될 것 같은데, 누나는 꼭 나를 공장 기숙사로 들여보냈다. 그리고 일요일에 만나자고 해도 누나는 안 된다며 만나주지 않았다. 나는 서운하기도 했고 그 이유가 궁금했다. 그래서 하루는 누나에게 그 이유를 물었더니 일요일에는 교회에 가야 한다는 것이었다.

일요일에도 누나와 같이 있을 수 있는 방법은 딱 하나밖에 없었다. 내가 교회에 가는 것이었다. 나는 하루라도 더 누나를 보고 싶어서 교회에 찾아갔다. 철공소 일로 몸이 지쳐있어도 피로보다 외로움의 고통이 컸기에 먼 거리에도 불구하고 매주 누나가 다니는 교회를 갔다.

난생처음 찾아간 교회는 20~30명이 들어갈 만한 작은 교회였다. 쓰러져가는 기와집들을 연결해서 세운 개척교회. 그곳에서 만난 사람들은 나를 따뜻하게 맞아주었고, 관심과 사랑으로 함께해주었다. 그러다 보니 교회를 갈 때마다 철공소에서 겪었던 설움이 씻겨내리는 듯 했다. 나중에는 누나를 만나는 기쁨과 더불어 교회 사람들과 함께하는 즐거움으로 교회를 다녔다.

그 교회는 개척교회라서 해야 할 일이 많았다. 누나는 일하고 공부하는 가운데서도 시간을 쪼개어 열심히 봉사했다. 특히 일요일에는 새벽부터 자정까지 교회학교 아이들을 가르치는 일과 그 밖에 여러 가지 일을 도맡아 했다.

나도 누나를 따라 보조교사로 봉사를 시작했다. 그렇게 아이들을 가르치는 가운데 나의 신앙심도 뜨거워지기 시작했다.

    교회에서 만난 참 평안, 이것은 내 인생을 송두리째 바꾼 희망의 빛줄기였다. 이전에는 절대 소유할 수 없었던 그 평안이 나에게 다가왔다. 그때 만난 평안은 아직도 내 마음을 떠나지 않고 있다.

Sequence 3 　깎이고, 다듬어지다

　서울에 올라온 지 얼마 안 되어 신앙생활을 시작한 것이 나에게는 얼마나 다행인지 모른다. 만약 세상물정을 알게 되고 타향살이에 안정을 찾았을 때 누나가 교회를 가자고 했으면 가지 않았을지도 모른다. 가거도에서 악명 높을 정도로 사고뭉치였던 나였다. 서울에 올라와서 시작한 공장 생활도 내 심성에 긍정적인 영향을 주지는 않았다. 아마도 교회를 다니지 않았더라면 경찰서에 드나들고도 남았을 것이다.

　처음에는 누나를 만나기 위해서 교회에 나갔지만, 그곳에서 하나님을 알게 되고 주위 사람들에게 인정과 사랑을 받으면서, 내가 왜 이 세상에 태어났고 지금도 존재하고 있는지 그 이유와 목적을 알게 되었다. 예수님은 상처 입고 부족한 나 같은 사람도 가치 있는 존재라는 것을 깨닫게 하셨다. 처절한 외로움과 반복되는 고생 속에서 하나님을 알게 된 것이 나에게는 놀라운 은혜였다.

　그 시절 내가 했던 기도는 하나였다. 돈도 없고, 형편도 어렵고, 빽도 없고, 학벌이 좋은 것도 아니고, 아무것도 없으니 그저 하나님만 의지하며 "하나님, 저를 긍휼히 여겨주세요."라고 기도했다. 내가 할 수 있는 기도가 달리 뭐가 있었겠는가. 그런 기도만 반복했다. 그러면서 울기도 참 많이 울었다. 성경에 나온 다윗 왕의 고백, "여호와는 나의 반석이시요 나의 요새시요 나를 건지시는 이시요"라는 고백이 정말 피부로 와 닿는 살아 있는 고백이 되었고, 그게 나의 힘이 되었다.

그러면서 나의 인격과 성품 또한 다듬어지기 시작했다. 욱하는 성격과 못된 근성은 좌절과 인내를 거듭하면서 깎여나갔다. 그리고 특별히 내가 다니던 교회의 목사님은 우리들에게 리더의 자질과 리더십에 관련한 많은 공부와 훈련을 시키셨다. 지도자들이 먼저 자신을 다스려야 다른 사람들을 다스릴 수 있다고 하시며 우리를 데리고 강연회도 가시고, 리더십에 대한 책을 보고 직접 가르치시기도 하셨다. 리더가 길러야 할 자질과 성품, 성경에 나타난 리더십의 모범, 이런 공부를 하며 때로는 내 부족한 모습에 충격을 받기도 했고, 내가 고쳐야 할 부분들을 발견하기도 하며 내 인생의 방향을 설정해 나갈 수 있었다.

"노하기를 더디하는 자는 용사보다 낫고 자기의 마음을 다스리는 자는 성을 빼앗는 자보다 나으니라" 잠언 16:32

목사님이 강조하신 성품은 바로 '온유함'이었다. 온유함은 타고난 것이 아니라 길러지는 성품인데, 스스로를 끊임없이 다스리고 깎아내야 기를 수 있는 것이다. 나는 리더십에 대해 알아가고 배워가면서 내가 길러야 할 성품이 바로 온유함이라는 사

실을 깨닫고 부단히 노력했다. 그 훈련은 지금까지도 계속되고
있다. 아직도 나는 많이 부족하지만, 항상 목표를 설정해놓는다.

오늘 내가 바뀔 수 있다면, 내일도 바뀔 수 있다. 그렇게 오늘
을 계속 반복하다 보면 그게 나의 습관이 되고, 습관이 반복되면
나의 태도, 나의 모습, 나의 성격이 되고, 또 나의 삶이 되는 것이
다. 바꿀 수 없다고 생각하면 아무것도 바뀌지 않는다. 하지만 바
꿀 수 있음을 믿고 넘어져도 다시 그 자리에서 눈물을 닦고 일어
나면, 또 한 번의 기회가 주어지는 것이다.

♪ Sequence 4 또 다른 희망

그리고 그 시기, 또 다른 희망이 내게 찾아왔다. 고등학교를 다닐 수 있는 기회가 주어진 것이다. 나는 생각도 못하고 있었는데, 공부를 잘하던 누나가 나도 공부를 해야 한다면서 야간 고등학교를 추천해주었다.

공부를 하게 되면 공장에서 더 이상 일을 할 수 없었다. 그래서 공장을 그만두고 나와 그동안 모은 돈으로 누나와 작은 셋방을 얻었다. 그리고 학업과 생계를 위해 신문배달을 시작했다. 하지만 신문배달은 두 타임을 뛰어도 수입이 너무 적었다. 돈도 돈이지만, 판자촌에서 신문배달을 하는 일은 너무나 버거웠다. 특히 겨울이나 여름 장마철에는 더욱 고생스러웠다. 포장도 되어 있지 않은 좁은 골목길은 겨울에 눈이 내렸다가 녹으면 온통 진흙탕이었고, 장마철에도 마찬가지였다. 그러면 자전거도 탈 수 없어서 발로 뛰어야만 했다. 게다가 신문이 젖으면 안 되니까 비나 눈이 오는 날이면 더 일찍 일어나 비닐작업까지 해야 했다.

나는 신문배달은 안 되겠다 싶어서 결국은 그만두고 우유배달을 하기 시작했다. 우유배달은 신문배달보다 돈도 좀 더 벌 수 있었고, 아파트를 대상으로 했기에 진흙탕 길을 안 뛰어 다녀도 되니 훨씬 수월했다. 하지만 그것도 생계를 꾸려 나가기엔 역부족이었다.

그래서 시작하게 된 것이 아파트 세차였다. 지금도 아침에 아파트를 지나가다 보면 이런 광경을 볼 수 있을 것이다. 아파트 단지에 쭉 늘어선 차들이 어떤 건 와이퍼가 한 개 세워져 있고, 어떤 건 또 두 개가 세워져 있다. 이게 일종의 표시인데, 한 개를 세워놓은 차는 닦았다는 표시이고, 두 개를 세워놓은 차는 안 닦았다는 표시였다. 그러면 그걸 보고 주인이 와서 돈을 주는 것이다. 그때 아마도 이런 세차 방법이 최초로 시작되었을 것이다. 고등학교에 다니는 내내 아파트 세차를 했는데, 갈수록 손에 익어 하루에 30대 정도를 닦다보니 수입이 꽤나 짭짤했다. 그뿐만 아니라 방학 때는 지하철에서 액세서리를 파는 일도 병행했고, 군대 제대 후에는 고구마 장사를 하기도 하는 등 정말 안 해본 일이 없을 정도였다.

하지만 그렇게 많은 일들을 하면서도 내가 기뻐할 수 있었던 것은 그 시간들이 단지 흘러가거나 버려지는 시간이 아니라는 확신 때문이었다. 그 시간들은 단지 생계를 위해 눈앞에 놓인 것만 바라보며 살아갔던 이전의 삶과는 전혀 달랐다. 그냥 감수해야만 하는 고통의 시간도 아니었고, 그저 그런 과정에 불과한 것도 아니었다. 그 시간에도 나는 내 꿈을 실현하고 있었다. 목표를 바라보며 달려가는 가운데, 그 목표를 이루기 위해 필요한 것들을 차근차근 배워가며 내 안에 쌓고 있었다.

우리가 이루고자 하는 인생의 목표는 한순간에 뚝딱 만들어지는 것이 아니다. 지식을 쌓는 학교 현장에서만 얻어지는 것도 아니다. 모든 사소한 경험 하나하나가 모여서 능력이 계발되고 지혜가 생기는 것이다. 비록 그 순간에는 깨닫지 못한다고 해도 귀중한 자산임은 분명하다.

나의 친구 조용갑

조그마한 키에 왜소한 체격, 까무잡잡한 피부의 섬 소년. 그야말로 촌놈이 따로 없었다.

하지만 성격만큼은 최고였다. 친구들과의 우애가 남달랐던 그 친구는 어려운 아이들에게 늘 먼저 다가가 손을 내밀었다. 이런 오지랖이 다른 친구들을 괴롭히는 아이들에게는 눈엣가시일 수밖에 없었다. 싸움을 말리다가 심한 부상을 당한 적도 있었던 것 같다. 내 기억엔 용갑이가 이때 권투에 입문하지 않았나 생각된다. 그러고 보면 참 의협심이 많은 친구였다. 자신보다는 친구들을 먼저 생각했기에 선생님들 역시 용갑이를 좋아하셨고, 나의 기억 속에도 용갑이는 좋은 친구로 오래 기억되고 있다.

얼마 전 TV프로그램에 용갑이가 나왔는데, 처음엔 못 알아봤다. 너무 많이 변해 있었기 때문이다. 세월이 많이 지나긴 했지만, 상상하기 힘들 정도로 변해버린 풍만한 체격, 목소리, 외모 등······. 무엇보다 '동양의 파바로티'라고 불릴 만큼 훌륭한 테너가 되었다는 것이 친구로서 자랑스러웠다.

어려웠던 과거를 다 이겨내고 꿈을 위해 달려온 친구 조용갑.
그리고 여전히 자신의 꿈을 향해 전진해 가는 친구를 위해 나는 기도
를 드리며, 친구의 승승장구를 기대해 본다.

– 친구 이흥주

04
권투와의
운명적 만남

♪
Sequence 1 우연한 계기로 권투에 입문하다

 야간 고등학교는 내가 생각했던 것과 전혀 달랐다. 나처럼 형편이 어려워서 야간 학교를 택한 경우도 있었지만, 그런 아이들은 소수였다. 당시 야간 학교는 정식 학교에서 받아주지 않거나 사고를 쳐서 오게 된 학생들이 대부분이었다. 덕분에 학교생활역시 쉽지 않았다.

 불량한 학생들은 주로 타깃을 정해놓고 움직였다. 그런데 하필 그 타깃 중 하나가 내 옆자리에 앉은 짝이었다. 내 짝은 키가작고 마른 아이였다. 그 아이는 이름만 대면 알 만한 좋은 신문

사를 다니고 있었는데, 신문사가 일찍 마치기 때문에 야간에 학교를 다닐 수 있었던 것이다. 그 친구가 타깃이 된 이유는 간단했다. 돈이 많았기 때문이다.

나는 연이은 괴롭힘을 그냥 두고 볼 수만은 없었다. 그날도 어김없이 불량한 아이들이 내 짝을 괴롭히려고 다가오자 나는 자리에서 벌떡 일어나 말했다.

"야! 너희들, 왜 자꾸 내 친구를 괴롭히는 거야?"

그러자 그 아이들이 험악한 인상으로 날 노려봤다.

"네가 뭔데 간섭이야!"

나는 지지 않고 한층 더 큰 목소리로 응수했다.

"너희들, 내 짝한테 돈 맡겨 놨어? 왜 자꾸 돈 뺏고 괴롭히는 건데?"

그때 그 패거리 중 누군가가 책상을 들고 뒤에서 내 머리를 내리쳤다. 누구나 예상하는 장면대로라면 나는 쓰러져야 했다. 하지만 꽝 하는 소리만 났을 뿐, 나는 끄떡없이 서서 아무렇지도 않은 듯 책상으로 날 내리친 아이를 쳐다보았다. 그때부터 그 자리에 있던 아이들은 나를 특이하게 보기 시작했다. 이참에 분위기를 확 잡아야겠다는 생각에 나는 곧 학교에서 소위 일진이라 불리는 아이에게 일대일 싸움을 제안했다. 사실 나는 일대일 싸움에는 자신이 있었다.

'서울 애들이 뭐 별거 있겠어? 그동안 가거도에서 갈고 닦았던 매운 맛을 보여주마.'

그렇게 해서 소각장에서 일대일 싸움이 시작되었다. 반 친구들이 빙 둘러서서 구경꾼이 되었다. 상대가 주먹을 날리려 할 때 고개를 숙여 다리를 잡고 냅다 던졌다. 내 작전은 먹혔다. 결국 상대는 쓰러졌고 나는 보란 듯이 그 위에 올라타서 앞뒤 안 가리고 흠씬 패주었다.

그런데 갑자기 누군가 반칙을 했다. 뒤에서 나를 발로 밟는 것이 아닌가. 분명 일대일이라고 합의를 했는데, 어느새 약속은 깨지고 동시에 여러 명이 나를 발로 무참히 밟기 시작했다.

그때 구경하던 학생 중 한 명이 소리쳤다.

"선생님 오신다!"

그 소리에 나를 때리던 아이들은 도망을 갔고, 나는 겨우 정신을 차릴 수 있었다.

이것은 후일담인데, 얼마 전 방송에 나간 것을 계기로 고등학교 동창 한 명에게서 연락이 왔다. 그 친구는 반장을 했던 모범생 친구였다. 고등학교 시절에 있었던 여러 가지 일들을 말하던 중 내가 쓰레기 소각장에서 맞고 있을 때 "선생님 오신다!"라고 외쳤던 사람이 바로 본인이었다고 했다. 싸움을 말리려고 거짓말을 한 것이었다. 바로 그 친구 때문에 내가 거기서 살아날 수 있었던 것이다.

물론 싸움이 그것으로 일단락된 것은 아니었다. 학교가 끝나고 교문 밖으로 나가자 그 애들이 나를 기다리고 있었다.

"이 자식, 너 죽어볼래?"

그들은 이렇게 말하며 다시 나를 때리기 시작했다. 단체로 돌아가면서 때렸다. 너무 맞아서 얼굴이 퉁퉁 부어 형체가 없어질 정도였다. 맞으면서 나는 너무 억울하고 화가 났다.

사실 이 정도까지 맞았으면 경찰에 신고하면 되는데, 맞고 다니는 것은 바보 같은 것이라는 생각에 신고할 엄두도 내지 못했다. 신고했으면 그 아이들은 퇴학감이었을 텐데, 어린 날의 자존심이 허락하지 않았다. 대신 나는 그들에게 복수하겠다고 다짐했다.

다음날, 내 짝을 데리고 함께 권투 체육관을 찾아갔다. 스스로를 보호하기 위해서는 더 강해지는 방법밖에 없다고 생각했기 때문이다.

처음 친구와 함께 권투 체육관에 들어가니 관장님이 내게 깍듯하게 존대하며 물어보셨다.

"무슨 일로 오셨나요?"

"네, 권투를 배우러 왔습니다."

"아, 이 친구가 권투를 배울 건가요?"

"네, 그리고 저도 배울 겁니다."

"아버님도 권투를 배우시게요? 힘드실 텐데……."

"저희 친구인데요?"

그 순간 관장님이 갑자기 '퍽' 하고 뒤통수를 때렸다.

"야! 넌 진작 말했어야지. 네가 얘 아버지인 줄 알았잖아!"

사실 그때의 내 얼굴은 지금과 많이 차이나지 않았다. 관장님이 나를 친구 아버지로 본 것도 무리는 아니었을 것이다.

이렇게 나의 권투 생활이 시작되었다. 그런데 이것이 내 인생의 또 다른 장을 여는 계기가 될 줄 누가 상상이나 했겠는가.

인생이 재미있는 이유는 이런 작은 사건이 단막극으로 끝나지 않기 때문이다. 아무리 작은 사건이라도 또 다른 사건의 실마리가 되고, 새로운 기회를 열어준다. 물론 지금 벌어지고 있는 사건 다음에 또다시 어떤 일이 펼쳐질지 우리는 알지 못한다. 그러나 그것을 알 수 없는 불안이 아닌 기대로 여긴다면, 우리의 인생은 좀 더 가치 있는 삶이 될 것이다. 이런 기대가 우리의 인생을 더욱 짜릿하게 만들고 거침없이 도전할 수 있게 하는 원동력이 된다. 이것이 바로 우리의 삶에 필요한 희망이라는 비타민이 아닐까?

과연 오늘 나에게 일어난 사건들은 또 어떤 일들을 연이어 만

들어낼까? 또 어떤 나의 모습을 그려낼까?

　권투와의 만남은 10대 후반의 내 인생에 있어서 중요한 전환점을 만들어 주었다. 그때 불량학생들에게 맞고 나서 내가 결심한 것은 '정정당당하게 다시 맞서서 이기자는 것'이었다. 누구도 무시하지 못하도록 강한 힘을 기르고 싶었다.

　체육관에 등록을 하고 3개월 동안 계속 줄넘기만 했다. 나는 친구를 괴롭히고 나를 때렸던 아이들에게 복수할 요량으로 시작했기 때문에 하루라도 빨리 실제 권투를 배우고 싶었다. 그런데 매일 줄넘기만 하니 답답했다. 그래서인지 함께 시작한 친구는 중도에 그만두었다. 줄넘기만 하니 재미도 없고 힘만 들었던 것이다.

　그래도 나는 끝까지 체육관에 남았다. 나의 성격 중 하나가 뭔가를 한번 시작하면 강한 집중력과 끈질긴 지구력을 보인다는 것이다. 집요하리만치 그 일에 매달린다. 그러니 어린 나이에 산속에 요새를 만들고, 아이들에게 유격훈련을 시킬 수 있었던 것이었다. 새벽에는 세차를 하면서 하루를 시작하고, 학교 공부도 병행하느라 많이 힘들었지만, 그래도 하루도 빠지지 않고 체육관을 찾았다.

그렇게 줄넘기만 계속하다가 3개월이 지나자 관장님은 드디어 내게 스파링을 해보라고 했다. 스파링은 누군가의 상대 역할을 해주는 것이다. 좀 더 정확히 말하면, 시합에 출전할 선수가 시범 경기를 할 때 얻어맞는 역할을 해달라는 것이다. 결국 나는 떠밀려 링에 올라갔다.

아직 배운 것이 하나도 없으니 그저 맞기만 했다. 상대는 계속 원투를 날리며 나를 때렸다. 코피가 터졌다. 피를 보자 순간 흥분해버리고 말았다. 갑자기 승부욕이 생기면서 나도 무조건 때리기 시작했다. 권투에 대해 아는 것이 없으니 그냥 싸움하듯이 무조건 주먹을 날려 때렸다. 그러다 그 선수가 쓰러졌는데도 나는 계속 때렸다. 관장님은 그때부터 나에게 관심을 갖기 시작했다. '이놈, 제법 재능 있고 근성도 있네.' 하면서 나를 지켜보기 시작한 것이다. 그 스파링을 계기로 나는 권투를 제대로 배울 수 있었다.

이때부터 권투는 단지 복수를 위해 배우는 것이 아닌, 나의 미래를 위해 배우는 것이 되었다. 권투를 배우는 목적 자체가 완전히 바뀐 것이다. 하루는 연습을 하다가 지쳐서 잠시 앉아서 쉬고 있는데 문득 이런 생각이 떠올랐다.

'내가 이렇게 우연히 권투를 하게 된 것도 신기한데, 하나님이 권투를 통해서 무언가를 이루시려는 계획이 있지 않을까?'

그래서 더 열심히 했다. 하나님께서 권투를 통해서 세계를 제패하게 하실 수도 있다는 기대감이 생겼다. 그러니 지칠 줄 모르고 열심히 연습을 할 수 있었던 것이다. '하나님이 권투를 통해 나를 어떻게 사용하실까?'를 생각하면서 무조건 열심히 했다. 혼자 있는 시간에도 스스로 훈련을 했다. 새벽에 세차하러 갈 때도 일부러 뛰어다녔다. 운동하고 훈련하기 위해 내가 스스로 선택한 길이었다. 당시 집은 노원구 공릉동이었고, 세차를 다니는 아파트는 상계동이었는데 날마다 그 먼 거리를 뛰어다녔다. 체력 훈련도 하고 차비도 아끼고 완전 일석이조였다. 어떻게 해서든 연습할 시간을 확보하기 위해서 모든 생활을 권투에 초점을 맞추고 그야말로 무식하리만치 열심히 연습을 했다. 체계적인 훈련이나 계획 없이 그저 성실하게만 매달리는 게 내 방법이었다.

흔히들 목적이 먼저 생기면 그것을 위해 열심히 해나가야 한다고 이야기한다. 하지만 나는 그와 반대로, 내게 주어진 현재에 최선을 다하다 보니 그 속에서 꿈이 보이고 비전이 생겨서 더 큰 꿈을 꾸게 되었다.

친구의 복수를 위해 권투를 하게 되고 권투를 열심히 하다 보니 챔피언이 되어 세계를 꿈꾸게 되었다. 뭐든지 주어진 일을 열심히 하다 보면 그 속에서 꿈과 비전이 생긴다.

어느 날의 일기에서 1

체육관도 다니고 세차 일도 하고 공부도 하는 것이 힘들기도 하면서 재미있다. 일만 하면 힘들 텐데 꿈을 가지고 일을 하니까 재미있는 것 같다.

처음에는 복수할 마음으로 권투를 시작했는데, 이제는 꼭 그렇지만은 않다. 권투를 통해 더 큰 일을 하고 싶다. 하나님의 계획이 있을 것만 같다.

같이 한 친구는 권투를 포기하고 나만 남았다. 같이 했으면 더 좋았을 텐데 아쉽다. 나도 포기하고 싶었던 적이 많았는데, 다행히 지금까지 왔다. 앞으로도 포기하면 안 된다.

요즘은 본격적으로 훈련을 받고 있다. 예전에는 줄넘기만 했는데, 지금은 권투를 제대로 배울 수 있게 되었다. 너무 기쁘다. 줄넘기만 할 때는 솔직히 권투를 배울 수나 있을까 했는데, 이렇게 제대로 배우게 되어 행복하다. 그래도 걱정이 앞선다. 과연 잘 할 수 있을까?

사실 여러 모로 막막할 때가 많다. 열심히 연습한다고 해서 선수가 될 수 있을지 모르겠다. 경기에 참여할 날이 올지도 모르겠다.

▶▶   ◀◀

그래서 좀 더 개인적으로 열심히 훈련을 해야 할 것 같다. 사실 시간이 없지만 틈나는 대로라도 열심히 해야 할 것 같다. 세차하러 다니면서도 운동하겠다는 마음으로 해야겠다. 열심히 하고 노력하다 보면 기회는 주어질 것이다. 하나님이 도와주실 것이다. 막막하더라도 하나님을 바라보면서, 노력하면 된다는 믿음을 가지고 연습하자.

공부도 열심히 해야 할 텐데 걱정이다. 시간이 많이 부족하다. 그래도 학교에 다닐 수 있는 것만으로도 너무 다행이고 감사하다. 다시 공부할 수 있게 되었을 때 너무 기뻤는데 그때의 기쁨이 식지 않았으면 좋겠다.

가족들도 많이 보고 싶다. 집에 못 찾아가니 죄송한 마음뿐이다. 언젠가는 가족과 함께할 날이 오겠지. 권투로 자리를 잘 잡아서 가족들과 행복하게 살 수 있는 날이 빨리 왔으면 좋겠다.

05

대한민국의
한 군인으로서

Sequence 1 군 생활이 제일 쉬웠어요

　나는 고등학교를 졸업하자마자 바로 군대에 입대했다. 훈련
소에 입대해서 시작한 군 생활. 다른 사람들은 너무나 힘들어했
지만, 나는 정말이지 하나도 힘들지 않았다. 내가 겪은 세상에
비해 군대란 곳은 너무나 편안했기 때문이다. 삼시 세 끼 꼬박꼬
박 나오고, 우유배달이나 세차 일을 할 때보다 더 늦게 일어나도
되었다.

　신병 훈련소에서 받은 훈련들은 권투선수 훈련에 비할 바가
아니었다. 연병장을 선착순으로 달려서 집합시키면 늘 내가 일

등이었다. 낮은 포복도 전혀 힘들지 않았다. 게다가 유격훈련은 어린 시절에 아이들을 데리고 다니며 이미 다 해본 것이었다. 물속에서의 훈련이나, 철조망을 통과하는 것 역시 나에게는 너무 쉬웠다. 오히려 내가 어린 시절하던 놀이 같은 훈련이 더 어렵고 위험했다. 가거도는 지형도 험한데, 군대 훈련은 평지라서 안전하기 그지없었다. 그러니 훈련이 훈련 같지 않고 놀이 같았다.

군대 생활은 건강에도 많은 도움이 되었다. 원래 나는 야간 학교에 다니면서 일하느라 식사를 불규칙하게 할 수밖에 없었고, 형편이 어렵다 보니 늘 먹는 것이 부실했다. 내가 절약할 수 있는 돈은 식비밖에 없었으니 말이다.

주어진 환경과 조건 앞에서 이전보다 나아진 삶의 모습을 발견하면 즐겁고 행복하고 편안하다. 그러나 주어진 환경과 조건을 생각하지 않고 내가 원하는 것만, 내가 편한 것만 원한다면 아무리 이전보다 좋은 조건이 주어져도 여전히 불평과 불만이 생긴다. 쉽고 편했다고 말했던 나의 군대 생활도 어쩌면 내게 충분히 괴로울 수도 있었다. 과거와 비교하지 않고 이상적인 삶과 연관지었다면, 군대 생활도 내게 괴롭게 다가왔을 것이다. 반찬 하나 가지고도 투정했을지 모른다. 그러나 그보다 더 힘든 과거의 삶들을 상기하며 감사했기에 충분히 즐거울 수 있었던 것이다.

'보다 나은 삶'이 되는가, '여전히 힘든 삶'이 되는가는 현재를 받아들이는 태도에 달려있다. 과거와 0.1%라도 좋아진 것을 인식하고 그것을 감사하게 여긴다면 지금의 삶은 충분히, 아니 더 없이 행복해질 것이다.

Sequence 2 술과의 전쟁

훈련소 생활이 끝나고 자대 배치를 받았다. 내가 배치 받은 곳은 내 고향 가거도였다. 가거도처럼 너무 외진 곳은 특수지역으로 분리되어, 나는 가거도를 지키는 해군 방위로 배치되었다. 방위병은 현재 공익근무요원처럼 출퇴근제였다.

그렇게 군대를 계기로 고향에 돌아가게 되었다. 그때 마을 사람들의 반응이 아직도 생생하다.

사고뭉치에다가, 현실에 대한 불만으로 눈에서 불이 날 만큼 매서웠던 요주의 인물 조용갑이 새 사람이 되어 돌아왔기 때문이다. 훈련소 생활을 마치고 집에 가서 "충성!" 하고 거수경례를 할 때 아버지, 어머니가 깜짝 놀라셨다. 뿐만 아니라 동네 사람들도 의젓해진 나의 모습에 놀랐다. 나중에 어머니께서 하신 말씀이지만, 그 당시 나는 눈빛부터가 달랐다고 하신다. 그래서 서울 생활이 도대체 어땠기에 내 아들을 저렇게 다른 사람으로 만들었을까 궁금하셨다고 한다.

　그도 그럴 것이 아버지에 대한 원망과 어려운 가정환경으로 나는 가급적이면 가족들과 말을 섞지 않으려고 했으며, 가끔 아버지의 말도 안 되는 억지에 화가 나서 나무문을 주먹으로 쳐서 우리 집 나무문은 여기저기 구멍이 나 있을 정도였으니 말이다. 어머니는 서울에 가서 온갖 고생을 했을 아들 걱정에 늘 마음을 졸이셨는데, 너무나 듬직하게 변해서 돌아왔으니 그제서야 걱정을 내려놓으셨다고 한다. 그러고는 내가 어렸을 때 하도 속을 썩여서 걱정하시던 어머니에게 "저 아이는 보통아이가 아니에요. 나중에 큰일을 할 녀석이니 너무 걱정하지 마세요."라고 했던 김창대 아저씨의 말씀이 문득 생각나셨다고 한다.

　군인 조용갑이 처음 치른 전쟁은 바로 술과의 전쟁이다. 자대 배치를 받고 난 후 선임으로부터 술을 강요받았다. 하지만 나는 어렸을 적 어머니께 한 맹세를 지키고 싶었다. 내가 술을 마시지 않겠다고 하니 그 다음부터 나를 가만히 두지 않았다.

　사실 나 혼자 고생하는 것이라면 이겨낼 수 있었다. 그런데 나 때문에 내 동기들도 같이 구르고 얼차려를 받아야 했다. 나는 더욱 미안한 마음에 괴로웠다. 그렇지만 끝까지 마실 수 없었다.

　그런데 운이 좋게도 선임들이 일찍 제대를 하는 바람에 나는

생각지도 않게 빨리 선임이 될 수 있었다. 그리고 군대 동기 중
에서도 내가 가장 빨리 들어왔기 때문에 분대장이 되었다. 장교
도 있긴 하지만 섬에 상주하는 것이 아니라 늘 왔다 갔다 하기
때문에, 분대장이 거의 모든 것을 책임져야 했다.

　기회는 이때였다. 부대 안의 문화를 개혁하기 시작했다. 일단
술을 없앴다. 회식자리에서는 마실 수 있었지만, 그때도 예전처
럼 의무가 아니라 원하는 사람만 마시도록 했다. 술 안 마시는
사람들은 다른 음료를 마실 수 있었다.

그렇게 끝까지 내 신념을 지켰고 결국은 술을 강요하지 않는 문화를 만들 수 있었다. 비록 처음에는 동기들에게 피해를 주었지만, 후배들에게 잘못된 문화를 넘겨주지 않을 수 있었다.

때로는 눈치를 보는 것이 지혜로운 일일 수 있다. 그러나 신념을 지키는 것은 더 지혜로운 일이다. 눈치를 보는 것은 잠시간 내 일신을 위한 차원에서 지혜로운 것이지만, 신념을 지키는 것은 장기적인 안목에서 지혜로운 일이기 때문이다. 그때 타협하지 않았던 경험, 그리고 그것을 통한 나름의 승리가 내게는 중요한 교훈이 되었다. 불의와 타협하는 것은 앞으로 나아가는 것이 아니라 뒤로 물러서는 것, 도피하는 것이라는 걸 그때 배웠다.

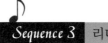

Sequence 3 리더가 된다는 것

이렇게 우여곡절을 거친 가거도의 군대 생활은 내가 분대장이 되면서 점점 바뀌었다. 부대의 모든 것을 총괄하는 대장이 되어 훈련도 내가 시켜야 하는 상황이었다. 돌아보면 이것처럼 내 인생에 좋은 훈련의 기회가 또 있었을까 싶은 생각이 든다.

나는 신체검사에서 1등급을 받았다. 하지만 당시 가거도와 같은 외딴섬은 국가에서 특수지역으로 분리되어 그곳 출신들이 근무하게 되었다. 그래서 나는 가거도를 지키는 해군 방위로 배치를 받았다. 우리끼리는 '해군 특수특공방위'라고 하며 나름의 자부심이 있었지만, 6주 훈련 후에 자대배치를 받아 가보니 이건 뭐 어슬렁어슬렁 다니면서 여느 방위들과 다를 바가 없었다.

당시 우리 부대는 방위병 사이의 위계질서 문제로 혼란이 있었는데, 나는 그 질서를 바로잡아야겠다는 생각이 들었다. 원래 사회에서 형이어도 군대에 늦게 오면 후배로 생활해야 한다. 그런데 존칭이 문제였다. 애초에 관계가 서로 애매하다 보니 존칭 문제 때문에 갈등이 생기는 것이었다. 그래서 싸움이 생기기까지 했다. 그래서 나는 이렇게 정했다.

"군 부대는 군법을 따르고 사회는 사회법을 따른다. 일단 이렇게 하자. 군대 내에서는 선배에게는 무조건 존칭을 취한다. 그 대신 퇴근 이후에는 나이를 대우해 형 대접을 받을 수 있다."

질서가 생기자, 스트레스나 싸움이 많이 줄었다. 그리고 중요한 사실을 깨달았다. 질서를 세우고, 그 질서를 함께 따른다면 그것만으로도 평화를 가져올 수 있다는 사실을 말이다. 왜냐하면 그 질서를 따르고자 하는 것 자체가 서로를 배려하는 마음을 갖게 하기 때문이다.

그리고 그 부대의 특징이 하나 있었는데, 대부분 고향 출신 사람들이기 때문에 군기가 세지 않았던 것이다. 일과시간 이후에는 집으로 퇴근하는 방위병을 사람들이 군인으로 보지 않는 경우도 많았다. 게다가 살던 동네에 있다 보니 서로 아는 사이이곤 했다. 그래서 편한 마음에 군복도 제대로 갖춰 입지 않고, 근무 시간에 마을에서 어른들과 함께 술 마시면서 놀다 오는 사람들도 있었다.

전임 분대장까지 이런 분위기 속에 젖어 있었기에, 나는 이것도 바꿔야겠다고 생각했다. 그래서 나는 훈련소에서 받았던 교육들을 그대로 적용시켜야겠다고 생각했다. 훈련소에 있을 때 배운 것들을 특별히 기록한 것은 아니지만, 일단 무슨 일이든 시작하면 집중하는 덕에 훈련 내용들은 대부분 내 머릿속에 저장되어 있었다.

그래서 군인의 복무신조 등을 비롯해 그때 배우고 익힌 내용을 다시 가르쳤다. 비상사태나 위급사태에서의 지침은 물론, 상사와 길을 갈 때는 반보 뒤로 걷고, 공사 중일 때는 안쪽에 서는 등 걷는 방법까지도 세세히 가르쳤다.

그때 의외로 교회에서 아이들을 가르쳤던 교사의 경험이 많은 도움이 되었다. 교회에서 활용했던 방법까지 다 동원해가면서 훈련자세, 정신자세를 강하게 훈련시켰다. 복장불량도 결코 허용하지 않았다.

물론 처음에는 질서가 잘 잡히지 않았지만, 시간이 지날수록 다들 말도 잘 듣고 그대로 따라주었다. 무엇보다 좋았던 것은 동네 사람들에게 군인으로서 좋은 모습을 보여줄 수 있었던 것이다. 새벽부터 훈련하는 모습, 군인답게 정중하게 경례하는 모습 등은 분명 주민들에게 좋은 인상을 남겨주고 귀감이 되었다. 그러니 방위병들 스스로도 자부심을 갖게 되었다. 방위병이지만 엄연한 군인이라고 인식했다. 군인으로서 마을 일도 열심히 도왔다. 마음가짐이 하나 바뀌면 모든 것이 달라진다는 것을 나도 그들도 제대로 체험했다.

그렇게 군기가 들자, 마을에 도움될 만한 일을 많이 할 수 있었다. 가령 초상이 나면 묘지를 파야 하는데, 그 정도면 손쉬운 일이었다. 그래서 우리가 나서서 그 일들을 해주곤 했다. 그뿐만이 아니라 마을에 둑이 무너지거나 공사가 있으면 비상연락망으로 호출을 했다.

"우리 출동한다."

그러면 퇴근을 했어도 다 모였다. 그러니 마을 어른들도 좋아하시고 우리를 많이 챙겨주셨다. 리더십이 바로 서니 체계가 서고, 체계가 서니 모두가 행복과 보람을 느낄 수 있었다.

그때는 사회생활을 한 이후 그간 배웠던 리더십을 직접 적용해본 소중한 시간이었다. 당시에는 리더에게 필요한 덕목이 카리스마, 책임감, 통솔력 같은 요소라고 생각했다. 물론 맞는 말

이지만 돌이켜보면 그보다 더 중요한 것이 있음을 알게 된다. 바로 공동체에 대한 진실한 애정이다. 그 진실한 애정이 있어야 올바른 카리스마, 책임감, 통솔력을 발휘하고 사용하게 되는 것이다. 공동체와 그 공동체에 소속된 구성원을 아끼고 사랑할 때, 리더로서 헌신을 할 수 있고 가장 좋은 방향으로 조직을 이끌 수 있는 것이다. 또한 리더는 자기만족을 위한 목표가 아닌, 남을 지켜주기 위한 책임감을 발휘해야 하는 역할이다.

진정한 카리스마의 또 다른 이름은 바로 사랑이 아닐까. 권위로 공동체를 죽이느냐, 살리느냐는 종이 한 장 차이다. 즉, 그 공동체를 향해 어떤 마음을 품느냐에 따라 전혀 달라진다. 내 고향, 그리고 내 고향을 지키는 소중한 부대, 그리고 그 부대에서 이 땅을 지키는 군인들. 그 모든 것을 사랑하고 지키고자 하는 마음이 있었기 때문에, 부족하나마 내가 바른 리더십을 발휘할 수 있지 않았나 생각된다.

Sequence 4 아이들에게 준 선물, 아이들에게 받은 선물

군대에서 또 다르게 계획했던 것은 아이들에게 꿈을 심어주는 일이었다. 나는 퇴근 후에 시간이 남곤 했는데 그 시간을 어떻게 쓸까 고민하던 중, 어린이 축구팀을 만들기로 했다. 섬 아이들은 바다에 가서 놀거나 할 일 없이 돌아다니는 경우가 많았다. 생활이 너무 단순했기에, 그들에게 축구팀은 꿈만 같은 일이었다. 섬이다 보니 제대로 된 축구화도 없었고 유니폼도 없었다.

하지만 나는 주먹구구식으로 가르치고 싶지 않았다. 정식으로 훈련하기 위해서 우선 공도 30~40개 정도 준비하고, 축구화와 유니폼도 후원받았다. 그리고 아이들에게 헤딩과 슛 연습도 시키고, 패스 연습도 시켰다. 체력을 기르기 위한 유격훈련도 시켰다. 그뿐만 아니라 어른들과도 어울려 친선경기도 하며 아이

94

들의 꿈을 키워주기 위해 노력했다. 그리고는 날마다 아이들에게 강조했다.

"너희도 축구선수가 될 수 있다."

"너희들도 충분히 너희가 원하는 사람이 될 수 있다."

아이들은 꿈을 꾸기 시작했다. 비록 작은 섬에 살고 있지만, 자신들도 언젠가는 더 큰 세상에서 더 큰일을 하며 훌륭한 사람이 될 수 있을 것이라는 희망을 갖게 되었다.

그 시절 나에게 축구를 배웠던 아이들 중에 실제로 축구선수가 된 사람은 없다. 그러나 분명한 것은 그때 축구했던 아이들은 훈련할 때가 제일 좋았다고 말하곤 했다. 결과가 어떠하든 꿈을 갖는 것, 희망을 갖는 것 자체가 행복이었음을 그 아이들은 깨달았을 것이다.

또한 아이들에게 마을을 위해 좋은 일을 할 수 있는 기회를 만들어 주었다. 학교 운동장에 돌멩이도 줍게 하고, 마을 도랑이 막혀 있으면 가서 함께 뚫었다. 교회의 주일학교에도 나오게 해서 함께 성경학교도 하고 찬양도 가르쳐 주고, 인형극도 보여주었다. 그렇게 군대 생활 중에 너무나 맑고 순수한 아이들과 또 다른 시간을 보낼 수 있었던 것이 너무나 감사한 일이었다.

지금 와서 보면, 내가 아이들에게 봉사를 한 것이 아니라 그 아이들이 나에게 봉사를 한 것 같다. 아이들도 그 시간들이 행복했다고 말하지만, 그 가운데서 가장 행복한 사람은 바로 나였으니 말이다. 그 소중한 시간을 함께해준 아이들이 너무나 고맙고 사랑스럽다. 그 아이들은 지금 어디서 무엇을 하고 있을까. 비록 축구선수는 아니지만, 어딘가에서 자신만의 꿈을 키워나가고 있으리라 믿는다. 적어도 짧은 그 시간 동안 꿈을 꾸는 것이 행복임을 깨달아 꾸준히 자신의 꿈을 향해 지금도 달려가기를 바라는 마음이다.

얼마 전 내가 군대 생활 때 아이들에게 축구를 가르쳤던 이야기를 누군가에게 한 적이 있었다. 그런데 그 사람은 나의 이야기를 들으면서 2010년에 나온 김태균 감독의 '맨발의 꿈'이라는 영화가 생각난다고 했다.

그 영화는 내전으로 상처받은 동티모르의 아이들에게 축구를 가르쳤던 한 남자의 내용인데, 물론 나와 영화 속 주인공과는 상황도 다르고 축구를 가르친 목적도 다르지만, 결국에 아이들에게 꿈과 희망을 주게 된 것은 똑같다고 말이다. 그러면서 그 영화 속에서 주인공과 동티모르 아이들이 축구를 하는 모습이, 그 당시 나와 우리 가거도 아이들이 축구를 했던 모습과 같지 않았을까 생각이 든다고 했다. 그 이야기를 들으면서 나도 다시 그

시절을 돌아보면서 분명히 느낀 것이 있었다. 영화 속 주인공이
아이들에게 꿈과 희망을 심어주고 싶었던 그 간절함이 그 당시
나에게도 있었다는 것을……

내가 군대에 있던 동안 죽을 뻔한 경험이 두 번 있었다. 당시엔 난을 캐고 분재를 하는 것에 한참 재미를 붙였을 때였다. 난을 캐서 팔면 30~50만 원은 받을 수 있었다.

한번은 비오는 날, 난을 캐러 절벽을 올라가려는데 절벽 밑에 향나무가 있었다. 그래서 향나무를 캐서 가방에 넣고 미끄러지지 않게 축구화를 신고 다시 절벽을 타고 올라갔다. 그런데 비가 온 뒤라 내가 붙잡은 바위가 뽑히면서 그만 아래로 떨어지고 말았다.

다행히 폭이 1미터 정도 되는 절벽 중간 턱에 떨어졌다. 좁은 곳에서 조심스럽게 몸을 돌려 아래를 보니 높이가 몇십 미터나 되어 아찔했다. 거기서 조심조심 겨우 일어섰는데, 배낭에 향나무며 호미며 톱이 있다 보니 무거워서 무게 중심이 자꾸 뒤로 쏠려 나를 잡아당기는 것이었다.

얼른 절벽으로 가방을 던져버렸다. 아깝긴 했지만 내가 살아야 하니까. 그야말로 생과 사를 왔다 갔다 한 순간이었다. 그곳은 너무 외지고 사람들의 발길이 닿지 않는 곳이라 떨어져도 발견될 수 없었을 것이다. 아마 그 자리에서 떨어졌다면 시신조차 찾을 수 없는 실종사고가 되어버렸을 것이다.

또 한번은 난을 캐기 위해 굉장히 높은 절벽을 올라갈 때의 일이었다. 절벽 중간쯤 가니 난이 하나 있었다. 일단 그걸 캤는데, 좀 더 높은 곳에 정말 멋진 난이 피어있는 것이다. 나의 온몸을 손가락 끝과 발가락 끝으로 지탱하면서 조금씩 움직여 난이 있는 곳까지 간신히 가서 난을 캤다.

그런데 문제는 그때부터였다. 도저히 왔던 곳으로 돌아갈 수가 없었다. 그때 내가 있었던 위치는, 돌을 던지면 1부터 10까지 세야 아래에서 떨어진 소리가 날 정도였다. 올라갈 때는 난만 보고 위로 갔기 때문에 그 정도로 위험하고 높은 곳인지 몰랐던 것이다. 나는 위로도 아래로도 갈 수 없는 상황에 놓이게 되었다. 머릿속은 백지처럼 하얘져 한 가지 생각만 들었다.

'이제 나는 죽는구나.'

혹시나 하는 마음에 소리를 질렀다.

"사람 살려! 누구 없어요?"

수십 번을 불렀다. 내 목소리가 여간 큰 게 아님에도 그곳은 마을과 너무 먼 곳이라 아무도 듣지 못했다. 정말 죽게 될 것을 생각하니, 이제 별의별 생각이 다 들기 시작했다. 부모님 생각을 비롯해 나의 과거사들이 한 편의 영화처럼 스쳐갔다. 그러면서 '그때 부모님과 동생에게 좀 더 잘할걸.' '그땐 이렇게 할걸.' 후회하면서 계속해서 '걸걸걸'을 참 많이 했다.

이제 와서 후회해도 소용이 없었다. 사람의 도움은 구할 수가 없으니, 내가 할 수 있는 것은 하나님께 기도하는 것밖에 없었다. 자포자기하는 심정으로 '하늘 가는 밝은 길이'라는 찬양을 불렀다.

죽음을 앞두고 찬양을 계속하다가, 어느 순간 웃음이 나기 시작했다. 그러자 두려움이 사라지기 시작했다. 찬양과 기도를 반복하는데, 평안함이 몰려왔고 뭔가 살 수 있다는 희망이 생겼다. 몇 시간 전까지는 두려움에 결코 위로도 아래로도 갈 수 없었지만 다시 도전했다. 조금씩 움직이기 시작했다. 그렇게 해서 나는 무사히 절벽에서 내려올 수 있었다.

누구나 상상해보는 일이 있다.

'죽는 순간 나는 어떤 생각을 할까?'

'살 수 있는 날이 하루 남았다면 나는 과연 무엇을 할까?'

막상 죽음의 위기에 직면해보니, 죽음 앞에서 갖가지 생각을 떠올려볼 수 있었다. 그 무엇보다도 가장 크게 다가온 것은 삶의 소중함이다. 물론 누구나 이런 상황이 되면 나와 같은 생각을 느낀다고들 한다.

문제는 그때뿐이라는 것이다. 시간이 흐르면 그리도 소중하게 다가왔던 삶의 가치는 다시 뻔하고 지겨운 것으로 전락하곤 한다.

　사실 나도 그럴 때가 많았다. 비록 오래전의 일이지만 죽을 뻔했던 그 두 번의 위기가 내 기억에 늘 자리했으면 좋겠다. 혹자는 그런 것이 트라우마로 남아 괴로울 수 있다고 하지만, 그것이 오히려 삶에 대한 경외감으로 이어진다면 나는 떠올리고 또 떠올리고 싶다. 그리고 그때의 심정을 떠올리며, 한순간이라도 더 충실하게 인생을 꾸미고 싶다.

가거도의 절경

가거도에 대한 소개 중에서 빼놓을 수 없는 것이 8경이다. 독실산, 회룡산과 장군바위, 돛단바위와 기둥바위, 섬등반도의 절벽과 망부석, 구곡의 앵화와 빈주바위, 소등의 일출과 망향바위, 남문의 해상터널, 구굴도와 칼바위…… 작은 섬 위에 감탄사가 절로 나오는 절경이 무려 8개나 있다는 것은 이 섬의 큰 자랑이 아닐 수 없다.

그중에서도 독실산과 섬등반도는 8경 중에서도 대표적인 절경이다.

639미터로 신안군에서 가장 높이 솟아있는 독실산은 면적에 비해 매우 높은 산이다. 자전거 코스까지 마련되어 있는 이곳은, 가파르지만 오르면 오를수록 멀리 있는 섬들을 볼 수 있는 묘미가 있다. 심지어 날씨가 매우 맑은 날에는 독실산에서 무려 150킬로미터나 떨어진 한라산까지 보인다.

섬등반도는 100미터 높이의 날카로운 산줄기를 자랑한다. 더욱 장관인 것은 그 산줄기가 바다로 뻗어나간다는 점이다. 산등성이에는 초원이 펼쳐져 있어서 또 다른 볼거리를 제공한다. 아름다운 광경과 더

불어, 절벽 위에 아슬아슬하게 놓인 집들은 이색적인 분위기를 연출하기도 한다.

독실산이나 성등반도로부터 뻗어 나온 해안의 모습 역시 예사롭지 않다. 서해 바다임에도 불구하고 진푸른 빛을 내는 바닷물결은 암석해안들은 한층 더 빛나게 해준다. 암석해안 중에서도 백미는 기암절벽이다. 급사면에는 난대수종이 밀림을 이루고 있기에 절벽들은 천연의 푸르름과 어우러져 있다.

– 편집부

06

프로권투로의
전향

　군대를 제대하고 나서 신학교에 입학했고, 동시에 프로권투
로 전향하게 되었다. 그때는 권투를 통한 하나님의 계획이 있으
리라 믿었다. 권투에 대해 자신만만했다기보다는, 그만큼 권투
에 대한 열정이 있었다. 그리고 권투를 통해 선한 일들을 펼치길
기대했다. 그래서 그때도 과거에 그랬듯 열심히 훈련에 매진했
다. 새벽에 운동, 낮에도 운동, 오후에도 운동하고 야간에는 신
학교를 다녔다. 프로권투로 전향할 때는, 프로 테스트에서 상대
를 KO로 보내버리기도 했다. 군대 있을 때 규칙적인 생활로 몸

관리를 잘한 것이 도움이 되었다.

나는 18개월 동안 군대 생활을 하면서 하루도 빼놓지 않고 운동을 했다. 새벽에 일어나서 기도한 후, 부대로 출근하기 전에 호롱산에서 독실산까지 매일 뛰었다. 사실 그 코스는 걸어가기에도 숨이 찬 코스였기에 이를 뛰어가는 것은 난이도가 상당했다. 처음에는 죽을 만큼 힘들었지만, 하루도 안 빠지고 꾸준히 하다 보니 익숙해졌다. 그 다음부터는 뭔가 약하다는 생각이 들어서 하루에 두 번씩 뛰었다. 이렇게 꾸준히 체력관리를 했던 것이 프로권투로 전향하면서 큰 도움이 되었다.

운동을 하다 보면 인내해야 할 것이 너무나 많았다. 체중조절을 비롯해서 여러 방면으로 끈기와 근면이 필요했다. 나는 어릴 적부터 생업을 위한 현장에서 얻은 훈련으로 참는 것만큼은 그 누구보다 자신이 있었다.

나는 아직도 프로권투 전향 후에 치른 첫 경기를 잊지 못한다. 경기를 준비하면서 가장 힘들었던 것은 체중조절이었다. 시합하기 전까지 체중조절을 해야 하는데, 감량을 많이 할수록 덩치가 작은 사람과 싸우고 못하면 큰 사람하고 싸워야 했다. 즉, 많이 뺄수록 유리했다.

그리고 체급이 결정되면 시합 전에 체중 감량이 되었는지 확인을 한다. 만약 감량이 되면 게임이 성사되지만, 안 되면 취소가 된다. 챔피언들도 체중조절 걱정에 시달리곤 한다. 당시 나는 67kg급으로, 꾸준히 운동해서 얻은 몸무게였다. 여기서 5kg를 더 빼면 좋은데 더 이상 빼기 힘들었다.

계속 굶고 침을 뱉으며 힘든 시간들을 보내야 했다. 일주일 전에는 아침만 먹고 3일 전에는 사과 하나만 먹어야 했다. 그렇게 조절하면서도 운동은 계속 해야 한다. 그나마 먹는 사과도 다 먹는 게 아니라 과즙만 빨아먹고 나머지는 뱉어야 한다. 그리고 밤새도록 침을 뱉어서 몸에 있는 수분을 다 빼야 한다.

그렇게 체중검사에 통과하고 나면 그때부터는 먹어도 된다. 그러나 6시간 후에 시합이 있다. 갑자기 먹으면 설사하고 탈이 난다. 결국 이렇게 몸 상태가 원래대로 돌아오지 못한 채로 선수들이 링에 올라가는 것이다. 보는 사람들은 선수들이 최상의 컨디션으로 링에 올라가는 것 같지만, 실제로는 갑자기 먹어서 속이 안 좋거나 아예 못 먹어서 힘이 없는 상태로 링에 올라가는 것이다. 그저 정신력으로 싸울 뿐이다.

나도 그런 체중조절을 감내해가며 드디어 첫 경기 링에 올랐다. 그때까지만 해도 나는 상대가 그렇게 잘하는 선수인 줄 몰랐는데, 나중에 알고 보니 아마추어에서 신인왕도 했고, 전적이 1무에 패가 없는 유망주였다. 그는 아마추어에서 프로로 올라온 경우였고, 나는 아마추어 전적이 없이 바로 프로로 데뷔한 상황이었다. 일단 기본기에서 밀렸다. 상대는 기본기가 잘 되어 있었던 반면, 나는 체력 외에는 갖춰진 기본기가 없었다.

링에 올라갔는데 막상 생각처럼 몸이 움직여주지 않았다. 상대가 날리는 펀치가 하나도 안 보였다. 맞고 나니 정신이 멍했다. 이런 상태에서 펀치를 한 번 더 맞으니 멍한 것이 더 길어졌다. 그러나 다행히 다시 정신을 차리고 본격적으로 경기에 돌입했다. 만약 계속 연타를 맞았다면 나는 나도 모르게 바닥에 쓰러졌을 것이다.

물론 당시 시합 자체는 정말 재밌게 진행되었다. 둘 중 한 사람이 월등히 잘하는 것이 아니었기 때문에 누가 이길지 판가름이 나지 않는 긴장의 연속이었다. 싸우는 나야 괴롭지만 보는 사람들에게는 적어도 그랬다. 첫 경기는 무승부로 끝났다.

프로로서의 첫 경기에 대한 소감을 묻는다면, 나는 "후회는 없었다."라고 말하고 싶다. 비록 결과가 어떻든 나는 최선을 다했으니 말이다. 아쉽게 끝났지만, 프로 입문의 첫 경험은 나에게 너무나 생생한 한 편의 영화처럼 남아 있다. 체중조절을 위해서 보냈던 시간들도, 경기에 임하는 그 순간에도, 그리고 경기가 끝나는 순간까지 말이다. 인생의 어떤 순간을 회고할 때, 그것이 '후회로 남느냐, 남지 않느냐'의 여부는 '최선을 다했느냐, 다하지 않았느냐'에 달려있다. 결과는 그저 추억일 뿐이고, 진정으로 남는 것은 결과를 위해 내가 했던 노력들이다.

상대와의 경기에서 나는 무승부였지만, 나 자신과의 싸움에서 분명히 승리했다. 기본기도 없고 실력도 없다고 좌절하게 만드는 내 안의 연약한 나와의 싸움을 이긴 것이다. 그렇기에 그 첫 경기는 나에게 여전히 아름답게 기억된다. 시간이 흐르고 그 기억이 잊혀진다 해도 내 노력은 결코 사라지지 않을 것이다.

♪
Sequence 2 프로세계에서의 훈련

보통 링에 올라가서 3라운드가 지나면 체력이 다 떨어진다. 체중조절로 인해 제대로 먹지 않았으니 힘이 있을 리 만무한데, 그나마 1, 2라운드는 정신력으로 버틴다. 그런데 3라운드가 되면 이젠 그마저도 바닥이 나는 것이다. 그때는 말 그대로 한계를 뛰어넘어 싸워야 한다. 그래서 권투선수들은 다운되었을 때 가장 행복하다고 말할 정도다. 누워 있으니 그저 행복한 것이다.

때리고, 또 맞고 때리고……. 그렇게 정신력으로 한계를 계속 넘나드는 것이 바로 프로권투다. 하지만 힘들어도 또 하고 싶은 것이 권투다. 만약 경기에 졌어도 한계를 뛰어넘었다는 사실에 보람이 생긴다. 시합이 끝나면 얼굴은 피멍으로 가득하고, 온몸

의 실핏줄이 터져있지만 그래도 행복하다.

권투에서 독특한 점은, 훈련을 많이 했을 때는 상대의 주먹이 다 보이는데, 훈련이 부족했을 때는 주먹이 안 보인다는 것이다. 조금 쉽게 말하면, 훈련을 많이 하면 주먹이 슬로비디오slow video로 다가온다. 주먹이 날아오면 그것을 다 피할 수 있는 것이다. 그런데 훈련을 많이 안 하면 나도 모르게 많이 맞게 된다.

나는 프로로 전향하기 전에도 많은 훈련과 연습을 했었다. 무식하리만치 열심히 했다. 그리고 그 정신과 노력은 프로세계에 들어선 후에도 이어졌다. 하지만 그럼에도 프로세계는 만만치 않았다. 프로세계에서는 그야말로 모든 것을 쏟아부어야 했기 때문이다. 그저 좋아서, 재미있어서 하는 차원이 아닌, 모든 것을 걸고 임해야 했다. 체중조절을 위해 사투를 벌이는 것처럼, 건강까지도 걸어야 했다.

그렇게 나는 프로정신을 제대로 체험했다. 모든 삶 속에서 매 순간 프로정신을 발휘할 때 그것이 비로소 나의 경험이 된다는 것을 권투를 하며 경험했다. 그 정신력이면 뭐든 할 수 있겠다는 생각이 들었다.

♪
Sequence 3 권투와의 이별

선수들에게 승패는 엄청난 차이를 가져온다. 경기에서 패하면 경기를 하는 동안의 모든 고통이 한 번에 몰려온다. 반면 이기면 고통도 고통으로 느껴지지 않는다. 그래서 아무리 많이 맞아도 이겼을 때는 아프지 않고, 덜 맞았더라도 지면 더 많이 아프다.

내 인생 마지막 경기인 챔피언 리그에서 패배를 경험했을 때, 나는 뼈저린 고통을 느꼈다. 시합 끝나고 그렇게 아파본 적이 없었다. 온몸에 실핏줄이 터지고, 턱뼈는 빠져서 부어올라 아무것도 먹을 수 없었다. 얼굴도 계속 열이 나고 화끈거렸다. 그럼에도 그보다 더 힘들었던 것은 패배의 충격이었다.

일반적으로 권투선수들이 경기에서 졌을 때, 가장 비참한 순간은 시합이 끝나고 권투 글러브를 벗는 순간이다. 글러브를 벗고 손에 묶었던 붕대를 뺄 때, 그 짧은 순간에 괴로움이 밀려온다. 열심히 했는데 패배를 했다는 사실이 쉽게 받아들여지지 않는 것이다. 냉정한 승부의 세계에서 선수들이라면 겪게 되는 고통이다. 마음속에선 아쉬움이 떠나질 않는다.

'좀 더 잘했으면 좋았을걸.'

샤워를 할 때면 오만가지 생각이 밀려든다.

'그냥 이쯤에서 포기해야 할까?'

'나의 한계는 여기까지일까?'

그리고 경기 후, 일주일 동안은 아무 운동도 안 하고 쉬기만 하는데 그때 역시 많은 생각이 든다. 그 가운데서 자기와의 싸움을 한다. 그러면서 다시 힘을 얻어 뛰어가기도 하고 그냥 부정적인 생각에 사로잡혀 침체되어 있기도 한다. 그리고 나서 몸이 서서히 풀리면 새벽 운동을 다시 재개한다. 새벽에 뛰면서 생각을 정리한다.

'이제 와서 포기할 수는 없지. 그러니 조금만 참고 계속할까?'

'아니야, 어차피 그만둘 거라면 빨리 그만두는 것이 좋지 않

을까?'

끊임없는 고민과 싸우다가 결국 내리는 결론은 늘 비슷하다.

"그래, 나는 할 수 있다. 이보다 더 힘들어도 참을 수 있다."

이렇게 큰소리로 외친 다음 다시 도전을 결심하고 체육관을 향한다. 이런 고민을 몇 번이나 거쳐 가며 권투생활을 이어갔다.

그러나 나에게도 마지막 경기가 된 챔피언 리그가 찾아왔다. 프로선수로서의 첫 경기가 생생하듯, 마지막 경기도 나에게는 뚜렷한 기억으로 남아있다.

당시 상대와 접전을 거듭했는데, 그야말로 피를 토하면서 경기를 했다. 귀도 터질 정도였다. 나는 잽을 잘 때리는 편인데, 상대는 맷집이 너무 좋아 쓰러지지 않았다. 때리는 손마저 퉁퉁 부었다.

접전 끝에 판정승으로 패배했다. 만약 그때 게임을 이겼다면 계속 권투선수로 남았을 것이다. 훗날 돌아보면 그때 진 것이 은혜였다. 그 다음에 성악 공부를 하러 유학을 떠나게 되었으니 말이다.

오랜 기간 열정을 쏟았던 나의 권투 인생은 그렇게 막을 내렸다. 그렇게 막을 내리자마자 내 인생의 또 다른 막이 서서히 열리고 있었다.

Sequence 4 | 첫 제자, 그리고 동반자였던 동생

권투인생이 끝나면서 나의 허전함을 채워주었던 것은 동생의 권투 입문이었다.

내가 권투선수 시절 훈련을 할 때면, 동생이 스파링도 해주고 나를 여러모로 도와줬는데, 보니까 동생도 재능이 있는 것이었다. 그래서 동생에게 꿈을 심어주고 싶은 마음에 권투를 해볼 것을 권유했고 동생은 내가 군에 들어가기 전부터 본격적으로 선수의 길을 걷게 되었다. 그리고 내가 권투를 그만둔 후에도 동생은 권투의 길을 계속 달렸다.

동생에게 권투를 가르치면서 혹시나 동생이 중도에 포기한다고 할까봐 염려가 되었다. 동생이기 때문에 형인 나에게 힘든 티도 내고 하니 걱정이 되었던 것 같다. 그래서 동생과 선수와 코치로서의 계약서를 썼다. 지금 보면 무슨 계약할 내용이 있다고 계약서를 썼는지 우습지만, 그렇게 해서라도 동생을 꾸준히 성장시키고 싶었다. 대전료는 어떻게 나눌 것인지, 코치로서 어떤 내용으로 가르칠 것인지를 계약서에 상세히 적었다. 이것이 내가 인생에서 작성한 첫 번째 계약서였다.

훈련에 본격적으로 들어갈 때는 내가 먼저 해오던 방법을 그대로 훈련시켰다. 동생은 같은 체급 선수에 비해 키가 큰 반면에 마른 체형이라서 보다 강한 기술이 필요했다. 나는 매일 20~30km 산악코스를 뛰게 하고, 레프트 훅, 라이트 훅을 치는 연습을 통해 그것을 주 무기로 삼게 했다. 특히 내가 스파링을 해주었는데, 자신하고 체급 차이가 나는 사람과 하다 보니 훈련이 더 많이 되었다. 결국 동생은 신인왕 타이틀까지 바로 거머쥘 수 있었다.

동생의 첫 시합도 선명하게 기억이 난다. 누구에게나 그러하듯, 첫 시합을 앞둔 동생 역시 극도로 떨렸을 것이다. 그런데 경기가 시작하자, 너무 쉽게 다운되어 버렸다. 동생의 코치였던 나는 마치 내가 쓰러진 양 좌절했다. 꿈이 무너지는 것 같았다.

'아이고, 다 틀렸구나.'

심판이 카운트다운을 외치는 가운데 나는 소리를 계속 질렀다.

"야, 다시 일어나. 무조건 해야 해. 빨리 일어나."

동생이 서서히 일어섰다.

"붙잡아, 무조건 붙잡아."

동생은 어떻게든 상대를 붙잡아 안으며 클린치clinch를 해서 상대의 공격을 막았다. 그 라운드는 무사히 넘겼다.

처음의 위기는 역전의 기회가 되었다. 첫 라운드엔 어리바리한 상태에서 맞았지만, 두 번째 라운드부터는 정신력으로 원투 펀지를 날리며 기세를 몰아붙였다. 나는 코치로서 다양한 기술을 알려주었다. 상대의 이전 시합을 보면서 나쁜 습관, 들어올 때의 습관, 왼쪽에서 잽이 날아올 때 어떤 습관이 있는지 파악을 해두었기 때문이다. 동생은 정신력을 되찾았고 배운 것도 잘 적용했다. 결국 상대 측에서 수건을 던져 TKO 승으로 올라갔다. 그 다음 경기도 이겨서 서로 얼싸안고 좋아했던 기억이 있다. 그리고 결승까지 올라갔다.

기자들도 동생에게 관심을 많이 가졌다. 신인왕에다가 오래 전에 프로로 전향한 상대에게 기세를 떨쳤으니 모두들 놀라지 않을 수 없었다. 최종 결승에서 이기지는 못했다. 동생이 상대를 다운시켰는데, 판정 점수 차이로 졌다. 졌지만 멋있는 경기였다. 신인왕으로도 충분히 만족할 수 있는 결과였다.

내가 유학을 떠났다가 3년 후 한국에 돌아와보니 신인왕을 차지했던 동생은 어느새 한국 챔피언이 되어 있었다. 나는 다시 훈련해서 더 큰 산을 넘어보라고 했다. 동생은 동양 챔피언까지 갔다. 이미 여기저기 알려져 일본에서도 꽤 인기가 있었고, 많은 여성팬도 보유했다.

지금은 동생도 권투를 그만두었다. 동양 챔피언이 된 후 3차 방어전까지 했는데 3라운드를 기억하지 못하는 것이다. 병원에 가보니 머리를 다쳐서 순간기억상실증이 생겼다고 했다. 시합을 계속하면 완전기억상실증으로 발전하게 될 거라고 해서 그만두었다. 지금은 사업을 하며 평범하게 지내고 있다.

동생과 권투를 했던 시간, 그리고 동생에게 권투를 가르쳤던 그 경험은 내가 누군가를 일대일로 가르치며 멘토로서의 역할을 배울 수 있었던 계기가 되었다. 동생은 어쩌면 나의 첫 제자였다. 물론 성악이 아니라 권투이기는 했지만, 내가 배운 것들을 가르치며 동생이 습득할 수 있을 때까지 훈련을 시켰던 그 시간은 분명히 '멘토 예행연습'이었다.

친동생이었기 때문에 남다른 애정과 관심을 갖고 가르쳤던 것이 나중에 학생들을 가르치고 제자들을 훈련할 때 많은 도움이 되었다. 배우는 사람들을 내 동생처럼 생각하며 가르칠 때 그들이 더욱 성장하는 것이 보였고, 다듬어지는 것이 드러났다. 그러한 모습을 지켜보는 것은 멘토인 나에게 가장 큰 기쁨이자 보람이었다.

어느 날의 일기에서 2

권투를 그만두고 나니 시원섭섭하다. 오랫동안 몸담았던 자리인데, 이제는 마음을 완전히 내려놓아야 할 것 같다. 사실 나는 프로권투선수로 계속 나갈 줄 알았다. 이것으로 하나님께 더 많은 영광을 돌릴 줄 알았는데…… 그래도 슬프진 않다. 내가 선택한 또 다른 길이 있으니까.

이제 음악의 길에 들어서니 앞으로 하나님이 어떻게 인도하실지 궁금하다. 예전에는 권투가 하나님의 뜻일 거라 생각했는데, 이제 음악을 통해 어떻게 일하실지를 기대하게 된다. 성악을 하려면 더 많은 산을 넘어야 할 텐데, 그때마다 하나님께 기도할 뿐이다. 내가 성악의 기본기가 잘 닦여 있는 것도 아니고, 레슨을 받은 적이 있는 것도 아니니 주님의 도우심이 아니면 절대로 할 수 없을 것이란 생각이 절박하다. 이제 남은 시간 동안에는 음악에만 전념할 것이다. 유학 가기 전까지 더 철저히 준비해 그곳에서 마음껏 꿈을 펼칠 수 있게 되기를……

제 **2** 막

Rehearsal of Opera
for Hope

희망의
리허설

찬송가 한 곡을 끝까지 부른다는 것이 이렇게 감격스러운지 몰랐다. 예전에는 너무
나 당연하고 아무렇지도 않았던 일인데 말이다. 이런 일들을 계기로 곡 하나 하나
를 부르는 것에 대한 소중함과 감사를 깨닫게 되었다. 또한 소리 하나 내는 것에도
의미를 담기 시작했고, 그 소리를 가슴에 담기 시작했다.

01

소리의 길로
들어선 어느 날

Sequence 1 소리가 들리기 시작하던 어느 날

고등학교 때 권투와의 첫 만남 이후, 나는 권투를 향한 비전과 열정을 품고 20대 초반을 보냈다. 그때 늘 내 곁을 따라다니던 것이 권투 말고 하나 더 있었는데, 그게 바로 음악이었다.

음악과의 만남은 좀 더 과거로 거슬러 올라간다. 고등학교 입학 직전, 누나와 좀 더 함께 있고 싶어서 다니던 드림교회에서 기타를 배웠다. 태어나서 처음으로 접한 기타 연주 소리가 너무 좋았다. 나는 얼른 기타 교본을 사서 독학으로 열심히 배웠다. 밥 먹는 시간도 아까워서 끼니도 거를 정도로 열심히 익혔고 짧

은 시간 동안 집중력 있게 배웠다. 어느 정도 연주를 하게 되자 예배시간에 기타를 잡고 찬양인도를 맡았다. 아무래도 개척교회다 보니 찬양인도를 할 사람이 없었던 것이다. 그렇게 음악과 연을 맺은 후, 음악에 대한 나의 애정과 열정은 단순한 흥미나 취미의 수준을 넘어서고 있었다.

권투를 배우고, 아르바이트를 하고, 학교 공부를 하고, 교회에서 봉사를 하면서도 음악은 항상 내 곁에 있었다. 바쁜 일상 속에서도 시간을 쪼개 노래를 부르거나 기타를 치며 음악과 함께했다. 무엇인가를 시작하면 무조건 끝을 봐야 하는 성격인 나는 권투를 할 때도 그랬듯이 음악에 나의 모든 시간을 집중하며 매달렸다.

그런데 권투와 음악은 하면 할수록 달랐다. 음악은 단지 익히고 배우는 것이 다가 아니라 표현하고 즐기는 것이었다. 그래서 음악을 스스로 터득해가는 과정도 즐거웠지만, 노래를 하는 순간 그 안에서 느껴지는 감동과 은혜는 먼저 내 상처 입은 마음을 치유했고 나를 더욱 견고하게 만들었다. 이때 얻은 위로를 말로 다 형용할 수 없다. 음악은 이렇게 내 삶을 조금씩 더 가치 있게 만들어갔다.

내가 음악과 가장 오랜 시간을 함께할 수 있는 곳은 교회였다. 처음에 교회에서 찬양인도를 하기 시작했을 때만 해도 예배 후

에 혼자 남는 시간이 너무 싫었다. 함께 있던 사람이 다 떠나가
고 혼자 교회에 남게 되면, 알 수 없는 공허함과 외로움이 물밀
듯 밀려왔기 때문이다. 그러나 시간이 흐르면서 그렇게 홀로 남
는 시간 역시 소중한 시간들로 바꾸어나갈 수 있었다. 고요한 가
운데 하나님께 기도하면서 찬양을 계속했다. 사람들과 더불어
찬양하는 시간도 좋았지만, 홀로 찬양을 하는 순간은 더욱 집중
할 수 있어 행복했다. 이전에는 몰랐던 평안함이 밀려왔다. 그렇
게 매일 찬양을 즐기며 살아가다 보니 음악적인 테크닉까지 점
점 늘기 시작했다.

그런 나를 쭉 지켜보시던 목사님이 하루는 이렇게 말씀하셨다.

"용갑아, 내가 보기엔 너한테 찬양의 은사가 있는 것 같구나. 특히 성악 쪽에 재능이 있는 것 같은데, 성악을 공부해보는 게 어떻겠니?"

목사님의 이 한마디. 이것이 지금의 나를 만든 것이다. 평범하게 반복되던 일상의 강가에 던져진 돌멩이 하나가 잔잔한 파동을 일으키기 시작했다. 그리고 그 파동은 점점 커졌고 새로운 물결을 만들어갔다.

사람에게는 누구나 자신만의 재능이 있다. 왜냐하면 그것은 하나님께서 우리에게 주신 선물이기 때문이다. 그러나 그것을 발견하는 사람이 있고, 평생 발견하지 못하는 사람도 있다. 환경의 제약 때문에, 혹은 상황 때문에 스스로 재능을 발견하지 못할 때, 하나님께서는 다른 사람을 통해서 그 재능을 드러내신다. 그것은 숨겨지는 것이 아니기 때문이다.

하나님께서는 나의 재능을 사용하기 원하시기에 반드시 누군가의 눈에 띄게 하신다. 나에게 있어서는 목사님이 바로 그 역할을 하셨다. 어쩌면 나는 목사님을 통해 하나님의 계획을 알게 되었는지도 모른다.

목사님과의 만남. 그 만남 가운데 나는 '노래하는 조용갑'을 새롭게 발견해나갔다. 하지만 이것은 시작에 불과했다. 더 놀라운 역사들이 나를 기다리고 있었다. 내가 감히 상상조차 못했던 일들이 말이다.

Sequence 2 소리가 울리기 시작하던 어느 날

성악을 권유받고 내가 가장 먼저 한 것은 성악가의 테이프를 사서 듣는 일이었다. 파바로티의 테이프를 하나 사서 그때부터 열심히 듣기 시작했다. 감사하게도 당시 학원 운전 일을 했기 때문에 테이프를 들을 기회가 많았다. 처음에는 듣기만 했는데 시간이 지나면서 이탈리아어로 된 곡들의 가사를 소리나는 대로 한국어로 적어가며 따라 불렀다.

우연인지 필연인지, 그때 산 테이프가 파바로티의 'High C'였다. 말 그대로 'High C' 곡만 모아 놓은 세계 최고의 고음이었다. 따라 부르기가 만만치 않았다. 고음이 제대로 올라갈 리가 없었다.

그런데 계속 흉내 내고 연습을 거듭하다 보니 하루가 다르게 조금씩 음이 올라가기 시작했다. 어느 순간 제대로 된 고음이 나기 시작했다. 이렇게 되니 점점 자신감도 생기고 연습에 재미가 생겼다. 주위 사람들도 관심을 보이며 칭찬해주었다. 고음이 계속 올라갈수록 내 입가에는 노래가 떠나지 않았다. 길거리를 다니면서도 노래를 흥얼거렸다. 운동을 하던 때에도 산 정상에 올라가 노래했다. 장을 보러 가서도 노래로 "빨리 계산해주세요." 라고 하면 계산원이 계산하다 웃곤 했다.

그때는 운동도 하고 운전 일도 할 때라 레슨을 받을 시간도 돈도 없었다. 그래서 짬을 내서 독학으로 공부할 수밖에 없었다. 주위에서 시끄럽다고 핀잔을 주면 다리 밑에 가서 연습을 했다. 새벽부터 불암산에 올라가 노래했다. 나중에는 산에 도시락까지 싸들고 가서 밤새도록 소리를 내며 연습을 했다. 가끔은 연습을 하다가 산에서 잔 적도 있었다.

"아아아아아아아~."

노래 연습을 하다가 목이 쉬면 간단하게 요기를 하고 또 연습을 했다.

"아아아아아아아아아아아~."

새벽까지 그러고 있으면 한 여름에도 너무 추웠다. 신문지를 하나 가져가서 졸리면 자고, 일어나서 다시 연습하고……. 성악도 마치 권투 연습하듯이 했다.

그때만 해도 정해진 것은 아무것도 없었고, '현실적인 가능성'이 있었던 것도 아니었다. 그러나 '내 안의 가능성'은 점점 수면 위로 올라오고 있었다.

'현실적인 가능성'과 '내 안의 가능성'이 짝을 이루지 못할
때가 있다. 즉, 재능은 있지만 환경이 받쳐주지 않아 포기해야
할 때가 있다. 주변 사람들이 '현실적인 가능성'을 생각하며 그
만 포기하라고 할 수도 있다.

그러나 '현실적인 가능성'은 충분히 변할 수 있다. 왜냐하면
현실은 하나님의 영역이기 때문이다. 이 시기 동안 내가 깨달은
것이다. 지금 환경이 열려 있다고 안심할 수 있는 것은 아니다.
지금 환경이 막혀 있다고 절망할 것도 아니다. 우리가 준비해나
간다면, 하나님은 길을 열어주신다. 그러므로 우리는 염려 없이
그저 '내 안의 가능성'만 묵묵히 키워나가면 되는 것이다. '내
안의 가능성'은 '현실적인 가능성'을 뒤엎고 새로운 현실을 만
들어나갈 수 있다.

실제로 그저 막막하기만 했던 그때, '내 안의 가능성'은 나도
모르는 사이에 새로운 현실을 만들어가고 있었다.

Sequence 3 소리의 길을 택했던 어느 날

　오랫동안 혼신의 힘을 쏟았던 권투를 그만두고 새로운 길을 간다는 것은 결코 쉬운 일이 아니었다. 그동안 권투에 들였던 노력에 대한 아쉬움, 성악이라는 새로운 도전에 대한 두려움이 교차했다. 물론 권투를 할 때도 성악을 병행하기는 했지만, 막상 성악에 전념하기로 결정하자 묘한 기분이 들었다. 그럼에도 당당히 지금의 내 모습을 선택할 수 있었던 것은 새로운 꿈이 나에게는 희망으로 다가왔기 때문이다.

　신기하게도, 권투를 내려놓기로 마음먹자 상황이 자연스럽게 흘러갔다. 만약 내가 마지막 프로경기에서 이겼다면 챔피언이 되어 권투에 대한 미련을 버리지 못했을 텐데, 그 경기에서 지는 바람에 맘 편히 내려놓을 수 있었다.

　그러한 상황 속에서 내 마음도 점점 성악 쪽으로 쏠리기 시작했다. 이전에는 하나님께서 권투를 통해 역사하실 것이라 생각했는데, 시간이 흐를수록 권투는 나에게 목적이 아닌, 수단이 되고 있었다. 당시 시합을 해서 얻는 수익금이 아르바이트로 버는 돈보다 액수가 더 컸기에 어느 순간부터 권투를 생계 수단으로 삼게 된 것이다. 사실 프로로 전향한 후에는 하루에 두 번만 시합을 해도 월급을 받는 회사원보다 훨씬 많이 벌 수 있었다. 4라운드 오픈 경기는 30~40만 원, 6라운드는 40~50만 원, 8라운드는 50만 원 정도 받았으니 말이다.

예전처럼 권투 자체가 목적이 아니게 되니 내 마음도 흔들렸다. 뿐만 아니라 주위에서도 만류가 있었다. 특히 목사님이 권투에 대해서 다시 생각해보길 권유하셨다. 처음에는 그럴 때마다 "저는 형편이 어렵기 때문에 돈을 벌어야 합니다."라고 대답했다. 그러나 권투가 수단이 되어가자 나 역시 목사님의 말씀에 귀를 기울이게 되었다. 그리고 무엇보다 내 안에 자리했던 음악에 대한 열정이 나도 모르는 사이에 커져가고 있었다.

II 2막1장 *Intermission*

오페라의 공연 단위

서곡 – 오페라의 시작 전에 연주되는 관현악곡이다.

막 – 오페라는 크게 막으로 나뉜다. 고전주의 시대에는 5막의 원칙을 따랐으나 점점 3막으로 바뀌었고, 근래에는 2막 형식 오페라도 많다.

장 – 막은 다시 장으로 나뉜다. 이전에는 새로운 인물이 등장하면 새로운 장으로 구분했으나, 후에는 장소와 시간이 바뀌는 시점을 기준으로 장이 새롭게 시작된다.

시퀀스 – 장보다 더 짧은 단위로 한 장에는 몇 개의 시퀀스가 있다.

인터미션(간주곡, 인터메조) – 막과 막 사이, 장과 장 사이에 자유롭게 삽입되며, 주로 길지 않은 관현악곡이 연주된다. 다음에 나올 드라마의 극적인 효과를 증폭시킨다.

– 편집부

02
성악가로서
첫걸음을 내딛던 순간

Sequence 1 성실함으로 연 유학의 길

고등학교를 다닐 때나 제대를 한 후에나, 교회는 나의 삶에서 떼려야 뗄 수 없는 곳이었다. 목사님으로부터 성악을 권유 받은 일을 계기로 꾸준히 연습하며 자연스럽게 교회 안에서 찬양과 관련된 사역들을 많이 하게 되었다. 그리고 고등학생 때부터 해 왔던 어린이 사역도 꾸준히 감당하면서 점점 교회에서 중책을 맡게 되었다.

그뿐만이 아니었다. 개척교회다 보니 공사를 해야 할 일도 많았다. 처음에는 어른들 하시는 것을 따라하다가 나중에는 같이 하고, 그러다 어느 순간이 되니 내가 거의 주도해서 교회 일들을 도맡아 했다. 공사를 하는 날이면, 직접 팔을 걷어붙이고 공사 현장에서 뛰었다. 도배를 하고, 보일러를 깔고, 미장을 하고, 벽돌을 쌓고, 전기 공사를 하고……. 정말이지 그때 내가 안 해본 일이 없었다.

목사님께서는 이러한 나를 지켜보시면서 대견해 하셨다. 내가 하고 싶었던 음악적 영역뿐만 아니라, 무엇이든 교회에서 맡기는 대로 열심히 하는 모습을 보며 나의 성실함을 칭찬하시곤 했다. 그리고 특히 음악에 있어서, 교회에서 매일 내가 노래 연습을 쉬지 않는 모습을 보시고 격려를 보내셨다. 물론 때로는 내가 교회에서 너무 큰 소리로 노래를 하다 보니 이웃에게 피해가 갈까봐 조금 자제하라고 하시기도 했다.

하지만 무엇보다 목사님은 나의 상황을 안타까워 하셨다. 주변 이웃들에게 핀잔을 들을까봐 마음껏 노래하지 못하는 상황, 재능은 있는데 형편 때문에 정식으로 교육을 받지 못하는 상황. 이에 대한 안타까움을 직접 표현하시지는 않았지만, 내가 정식 성악 교육을 받을 수 있도록 돕고 싶어 하셨다. 그러나 작은 개척교회가 그럴 형편이 되겠는가. 나는 교회의 지원을 받을 생각은 꿈에도 하지 못했다.

그러던 중, 갑자기 내게 꿈 같은 일이 일어났다. 어느 날 목사

님이 나에게 중대한 제안을 하시는 것이었다.

"교회에서 유학을 보내줄 수 있으니 이탈리아에 가서 공부해보는 것이 어떻겠니?"

그 말을 들었을 때, 순간 여러 가지 생각이 머리를 스쳤다. 일단 성악으로 유명한 이탈리아에 가서 공부를 할 기회가 생겼다는 생각에 처음에는 기쁜 마음과 감격이 가득했다. 게다가 그때는 음악에 대한 열정이 한창 넘쳤을 때라 그런 제안이 그저 감사할 뿐이었다. 하지만 동시에 아직 준비가 덜 되었다는 생각이 들었다. 음악에 대한 내 열정을 검증할 시간이 필요하다는 생각이었다. 그래서 목사님께 다시 말씀드렸다.

"저를 3년 동안 지켜보시고 그때 괜찮으시면 보내주십시오."

3년은 금방 지나갔다. 그동안 목사님께 인성과 리더십 훈련들도 받으면서 나를 다듬어갔다. 그리고 음악에 대한 나의 열정을 실행에 옮겨 끊임없는 연습을 거듭했다. 그런 준비 끝에 나는 유학길에 오르게 되었다.

이것이 내 인생에서 가장 중요한 터닝 포인트다. 만약 목사님을 만나지 않았다면 지금쯤 난 무엇을 하고 있을까? 섬소년에 용접공, 그리고 권투선수였던 나를 오페라 가수로 바꾼 것이 목사님이셨다.

♪
Sequence 2 생각보다 일찍 닥친 시련

목사님은 교회를 짓는 것보다 사람을 키우는 것이 먼저라며 유학에 필요한 경제적인 부분을 전적으로 지원해주셨다. 5년 동안 이탈리아에서 공부하는 비용은 물론, 한국에 오고 가는 비행기 요금까지 대주시기로 약속하셨다.

내가 목사님의 지원으로 처음 유학을 떠났을 때는 1997년 1월이었다. 당시 우리나라는 대기업의 부도가 하나둘씩 터지기 시작하던 때였다. 하지만 사실 그때까지만 해도 위기를 직접적으로 체감할 때는 아니었다.

그런데 본격적으로 학교에 입학하게 될 즈음, 우리나라 경제에 큰 위기가 닥쳤다. 1997년 12월, IMF 사태가 터진 것이다. 처음에 목사님이 유학 기간 동안 지원해주시기로 한 금액이 한 달에 100만 원이었는데, 처음에는 그 돈으로도 넉넉하게 생활할 수 있었다. 그러나 환율이 떨어지자 같은 돈으로 아무리 아껴도 방세밖에 낼 수 없게 되었다. 그렇다고 지원금을 더 달라고 할 수도 없는 노릇이었다.

그러던 중, 하루는 한국에서 목사님으로부터 전화가 왔다.

"용갑아, 안 되겠다……. 한국에 돌아와야 할 것 같아."

IMF라는 큰 위기 앞에서 교회도 어찌할 방도가 없었던 것이다. 그렇다고 내게 다른 뾰족한 수가 있는 것도 아니었다. 결국, 나는 더 이상 유학을 하기 힘들겠다는 생각으로 마음을 굳게 먹고 다시 한국에 들어왔다. 입국하자마자 교회로 향했다. 나의 예상대로였다. IMF 때문에 교회 사정이 어려워져서 나의 유학비 지원을 포기하자는 이야기가 교회에서 나오고 있었던 것이다. 당시 교회에서는 나 말고도 기존에 후원하던 선교사님이 있었기에 나까지 지원하기는 힘든 상황이었다. 하지만 다음에 이어진 목사님의 이야기는 뜻밖이었다.

"그렇기는 하지만……, 나는 내 사비를 털어서라도 너를 끝까지 지원하고 싶구나. 환율이 안 좋은 상황이라 같은 돈을 보내도 현지에서는 반 정도밖에 값어치가 안 될 것 같은데, 괜찮겠니?"

나는 감격에 겨워 어쩔 줄 몰랐다. 사실 유학을 포기할 생각으로 한국에 들어왔는데, 계속 지원해주겠다는 목사님의 든든한 사랑과 헌신에 나는 연거푸 감사하다고 밖에 말할 수 없었다. 목사님은 계속 기도할 테니 가서 열심히 공부하라며 나를 격려하셨다.

그때 나는 다시 한 번 나를 유학길에 보내신 하나님의 완벽하신 계획에 감사할 수밖에 없었다. 한국에 돌아오라는 목사님의 말에 순종할 수 있었던 것은, 지금 이 자리까지 인도하신 하나님에 대한 믿음이 있었기 때문이다. 형편도 자격도 되지 않는 내가 유학길에 오른 것부터가 은혜였고, 산타체칠리아 음악원Santa Cecilia Conservatory of Music을 잠깐이라도 다닐 수 있었다는 건 기적이었다. 그래서 돌아가는 길이 막막하지 않았다. 하나님이 시키신 공부인데, 하나님이 다 책임지시지 않겠는가?

사실 유학을 가기까지도 통과해야 할 관문이 많았다. 경제적으로 해결해야 할 부분들도 많았지만, 무엇보다 비자를 발급받는 게 문제였다. 교회에서 유학을 보내주겠다고는 했지만, 유학을 나가려면 재정보증이 필요한데 통장에 3천만 원 정도가 있는

지 확인되어야 한다는 것이다. 그런데 재정보증을 서줄 사람이 없었다.

게다가 나처럼 5년 정도 있으려면 학자 비자가 나와야 하는데, 그럴 경우 더 많은 잔고가 유지돼야 한다. 여기저기에 도움을 요청해서 간신히 재정보증금 3천만 원을 구했지만, 그것으로는 1년짜리 비자밖에 발급받을 수 없었다. 할 수 없이 나는 일단 들어간 후, 1년 동안 그곳에서 직접 해결해보기로 하고 유학을 떠났다.

그렇게 우선은 1년 비자를 가지고 이탈리아에 들어갔다. 그곳에서 1년 동안 언어를 공부하면서 입학 준비를 했다. 내 계획대로라면 그곳에서 공부를 하며 비자를 받아야 하는데, 계획처럼 쉽지가 않았다.

한치 앞도 알 수 없는 상황이었지만 비자 문제 때문에 유학을 포기하려는 생각은 하지 않았다. 나를 이 길로 인도하신 게 전부 그분의 뜻이었기에, 앞으로도 하나님께서 나를 인도하실 거란 생각이었다. 그러니 나는 그저 포기하지 않고 하나님께 모든 것을 맡겨드리는 겸손한 자세로 주어진 학업에 최선을 다하는 역할만 감당하면 된다고 생각했다. 애초부터 그런 생각으로 과감히 떠난 것이 아니었던가.

많은 어려움이 있긴 했지만, 하나님의 은혜로 나는 계속 학교
도 다니고 콩쿠르도 나갈 수 있었다.

학교를 1년쯤 다니던 어느 날, 갑자기 문득 한국에서 힘들게
돈을 벌던 시절 하나님 앞에 눈물로 드렸던 기도가 기억을 스
쳤다.

"하나님, 저도 공부만 할 수 있으면 좋겠어요. 그런 환경 속에
있으면 잘할 수 있을 것 같은데……."

하나님을 원망하지는 않았지만, 답답한 내 현실을 보며 늘 이

런 기도를 드렸었다. 그러던 중 하루는 교회에서 간증 집회가 있었다. 그때 강사가 간증을 하는데, 자신의 첫 월급을 하나님께 모두 드렸더니 하나님께서 자신의 삶을 책임져주셨고 자신의 삶이 늘 평탄했다고 하는 것이었다. 나는 그 부분에 깊은 감명을 받았다.

당시 나는 자장면 배달을 하면서 한 달에 30만원을 받았었는데, 그 돈을 다 헌금하기로 마음먹었다. 나는 헌금을 하면서 이렇게 기도했다.

"하나님, 제 삶을 책임져주세요. 저도 성악을 배울 수 있게 해주세요."

그리고 그 후로 나는 그 일을 까맣게 잊고 있었는데, 하나님께서는 그때 내가 드린 기도와 헌금을 기억하시고 지금의 상황을 허락하셨다는 사실에 감격이 밀려왔다. 지금 내가 이렇게 일도 하지 않고 후원을 받으며 공부만 할 수 있도록 하나님이 예비하셨다는 생각에 펑펑 울며 감사를 드렸다.

만약 그때 재정을 비롯한 여러 가지 문제로 인해 실망하거나 낙담하며 유학을 포기했다면 어떠했을까? 아마 나는 오늘 이 자리에 없었을 것이다. 그리고 다른 문제들 앞에서도 계속해서 포기하고 물러섰을 것이다. 성악가의 자리가 아닌, 그 어떤 곳에서도 자리 잡지 못하고 있을 것이다.

문제는 '풀라고' 있는 것이다. 풀어보지도 않은 채, 문제 자체만 보고 풀지 말지를 고민해서는 안 된다. 포기는 맨 나중에 해도 늦지 않다.

♪ Sequence 3 꿈만 같던 입학

이탈리아는 일 년에 한 번 학교에 입학을 신청할 수 있다. 어느 학교에 다녀야 하나 이곳저곳 알아보니, 성악 분야에서는 산타체칠리아 음악원이 가장 좋다고 해서 그 학교에 원서를 넣었다. 4월에 원서를 넣고, 9월에 있을 시험을 위해 본격적으로 준비를 했다. 입학시험을 위해 노래를 준비해야 하는데, 쉬운 곡을 불러서는 안 될 것 같고, 어려운 곡을 하나 정해서 이것을 완벽하게 연습하겠노라고 다짐했다. 그래서 부르게 된 곡이 〈람메르무어의 루치아Lucia di Lammermoor〉라는 오페라에 나오는 'Tombe de gliavi miei'라는 굉장히 어렵고 가사도 대단히 긴 곡이었다. 하지만 반복해서 익히고 또 익혔다. 그렇게 한 곡을 다 외웠다. 그리고 감사하게도, 시험 때 100% 실력 발휘는 못했지만 좋은 평가와 함께 격려를 받았다. 소리가 크고, 깊은 곳에서 나오는 것 같다며 독특하다는 평이었다. 아마 음악적으로 배운 것은 없었지만 내 삶의 다양한 이야기들이 담겨서 소리에 남다른 힘을 가질 수 있지 않았나 싶다.

산타체칠리아 음악원에 입학하기 위해서는 실기 시험 외에도 언어시험과 필기시험을 봐야 했다. 언어는 입학하기 전에 열심히 했기 때문에 큰 문제는 없었지만, 필기시험은 나에게 불리할 수밖에 없었다. 그런데 놀랍게도 그 해에는 필기시험이 따로 없었다. 나는 그저 감사할 뿐이었다. 결국 무사히 학교에 합격할 수 있었다.

합격하고 나서 그동안 지내고 있던 페루지아를 떠나 학교가 있는 로마로 이사를 갔다. 떠나려고 생각해보니 십대 때 고향 가거도를 떠나던 때가 떠올랐다. 그때는 막막함 속에서 두려움을 가득 안고 떠났었는데, 지금은 이렇게 구체적인 희망을 안고 떠날 수 있게 되었다니. 나에게도 이런 날이 온다는 게 감사하기도 했고, 신기했다.

로마에 도착해서 학교 주위에 있는 집을 구하는데 마침 우연히 같은 학교에 다니게 된 한국인 두 명을 알게 되었다. 그 두 사람은 서울에 있는 대학교에서 음악 공부를 하고 유학을 온 학생들이었다. 그렇게 그 친구들과 집값이 싼 곳에서 생활을 시작했다. 티격태격하기도 했지만, 외로운 유학생활에서 만난 친구들이었기에 많은 위로가 되었다. 우리는 셋 다 테너였기에 학교와

한인 사회에서 '쓰리 테너'라고 불리며 유명세를 날리기도 했다.

그 친구들과 생활을 하면서 한 가지 깨달았던 것은, 내가 비록 다른 친구들처럼 음악공부를 정식으로 하고 이탈리아에 온 것은 아니지만, 그래도 자신감 하나는 전공자들 앞에서도 기죽지 않을 수 있다는 것이었다.

'비록 정식으로 공부는 못했지만, 지금부터 하면 되는 것 아닌가?'

나는 늘 당당하게 한 걸음씩 나아가려 노력했다.

이탈리아에서의 내 생활은 모두 '자신감'으로 이루어졌다고 해도 과언이 아니다. 자신감은 중요하다. 단, 교만해서는 안 된다. 자신감과 교만함은 종이 한 장 차이이다. 자신감은 '할 수 있다'는 마음이기에, 더 노력하겠다는 의지를 포함한다. 현재 내가 잘한다고 생각되는 부분도 내가 본래 잘나서가 아니라, 노력으로 얻어낸 것임을 인정하는 것이다. 즉 자신감은 겸손하게 꾸준히 노력하게끔 만든다.

그러나 교만함은 더 이상 노력이 필요 없다는 자세다. 나는 그때 자신감에 넘쳐있었다. 늘 할 수 있다고 외쳤다. 하지만 결코 내가 잘났다고 생각하지는 않았다. 내 부족함이 오히려 나를 더욱 단련시켰다. 내가 꾸준히 노력을 하지 않으면 안 된다는 것을 늘 인식했던 것이다. 그래서 나를 향해 항상 이렇게 이야기하곤 했다.

"잘 할 수 있다. 하지만 그러려면 더 많이 노력해야 한다."

Sequence 4 연습만이 살길

오직 연습만이 살 길이라고 생각했다. 권투를 연습할 때부터 이어져오던 근성은 음악에서도 변함이 없었다. 아침부터 저녁까지 노래했다. 시간으로 따지자면 거의 하루에 10시간 정도였을까? 학교 가는 시간을 빼놓고 나머지는 거의 다 연습을 했다고 보면 된다.

나는 체계적으로 성악을 배운 적이 없었기에 노래도 권투처럼 훈련을 해야 되는 줄 알고 계속 죽어라 연습을 했다. 아침에 일어나면 소리부터 내기 시작했다. "어어어~" 소리를 내면서 점점 가사를 붙이고, 그 다음엔 노래하고, 이렇게 몇 시간 쭉 아리아를 펴놓고 계속 공부를 했다. 점심 먹는 것도 잊고 있다가 연습을 너무 많이 해서 배가 고프면 그제서야 밥을 먹었다.

그때 우리가 쓰던 집은 방이 세 개였는데, 방음이 잘 안 되어 누군가 자기 방에서 노래를 하면 다른 사람들은 시끄러워서라도 각자 방에서 노래를 했다.

그렇게 계속 노래 연습을 했다. 쓰리 테너 중에서 항상 연습의 스타트를 끊는 것은 나였다. 아무래도 나는 성악을 늦게 시작했고, 기본기도 없었기에 더 많은 연습이 필요했다. 그런데 소리까지 워낙 큰 까닭에 친구들에게 방해가 되었던 모양이다. 친구들이 때로는 눈살을 찌푸리기도 했고, 시끄럽다며 적당히 하라고 하기도 했다. 그리고 일단 연습시간이 절대적으로 차이가 나니 그 친구들도 스트레스를 많이 받았던 것 같다. 예를 들어 그 친구들이야 5시간만 해도 될 것을 나는 10시간 정도는 해야 따라갈 수 있으니 당연히 연습시간이 차이가 날 수밖에 없었다.

그렇게 하루 종일 노래를 하니 이웃들과도 사이가 안 좋아졌다. 한국에서 노래연습을 할 때도 있던 일이었는데 외국에서라고 예외일 리 없었다. 아침이고 저녁이고, 밤 12시가 넘어서까지 노래를 하니까 아래층에서 매일 빗자루로 천장을 치며 항의를 했다. 참다못해 우리를 경찰에 신고하기도 했다. 알고 보니 아래층에 살던 사람은 트럭운전수라서 밤새 일하고 낮에 잠을 자야 하는데, 우리는 낮에 항상 노래 연습을 했기에 시간이 계속 안 맞는 것이었다.

그러다가 하루는 교회에 갔다 왔는데 열쇠 구멍에 열쇠가 들어가지 않는 것이다.

"뭐야? 왜 안 들어가지?"

알고 보니 누군가가 열쇠 구멍에 순간접착제를 발라놓은 것이었다. 간신히 문을 부수고 집에 들어갔다. 순간 욱하기도 했지만, 동시에 그 사람이 얼마나 스트레스를 받았기에 이런 행동을 했을까 이해하려고 노력하며 꾹 참았다.

결국 그 사람이 자는 시간에는 산이나 공원, 혹은 빈집에 가서 연습했다. 운동하던 습관이 있어서 운동 삼아 멀리까지 가서 노래하곤 했다. 그렇게 밖에서 소리 지르며 노래하다 보면, 일 하는 사람들이 다 쳐다보곤 했다. 다행히 이탈리아 사람들은 그런 모습을 꽤 좋아해주었다. 누군가는 박수도 쳐주고, 누군가는 답례로 소리쳤다.

"브라보Bravo!"

다행히 집에서 노래할 때와 달리 좋은 반응 속에서 연습할 수 있었다. 그곳은 음악가에 대한 매너가 좋았고, 그로 인해 나는 더 자신감을 갖고 연습했다. 이탈리아의 분위기는 내가 기죽거나 자신감이 떨어지지 않도록 해주었다.

항상 무리하게 연습을 하다 보니 위기가 찾아왔다. 과도한 연습 탓에 목에 이상 증상이 나타나기 시작한 것이다. 시간이 흐를수록 목이 쉬어 버렸다. 처음에는 발성이 잘못된 것이라 생각하고 더 연습에 매진했다. 그런데 점점 소리가 제대로 나는 시간이 줄어들었고, 급기야는 목소리가 안 나오는 지경에 이르렀다.

노래는커녕 말하는 것조차 힘들어졌다. 인사도 아주 작은 목소리로 해야 했다. 도저히 안 되겠다 싶어서 성대 전문의를 찾아갔다. 병원에서 사진을 다 찍어보고 진단을 받았는데 성대 결절이라고 했다. 수술을 해야만 목소리가 돌아온다고 하는 것이었다. 수술비는 우리 돈으로 무려 1천만 원가량이었다.

성악을 하려고 먼 타국까지 왔는데, 정작 목소리가 안 나온다니 이 얼마나 비극인가. 게다가 해결할 방법이 있는데 돈 때문에 포기해야 하다니. 본래 성악가들은 소리가 잘 나면 세계를 다 얻은 것 같고, 소리가 잘 안 나면 세계를 잃은 듯하다. 성악가들이 얼마나 단순하냐면, 고음이 한 번 잘 나면 수중에 돈이 하나도 없고 배가 고파도 그냥 기분이 좋다. 그런데 소리가 잘 나고 안 나고를 떠나 목소리 자체가 나오지를 않으니, 그저 하늘이 무너지는 처절함을 맛보아야 했다.

그렇게 소리를 잃은 지 6개월이 지났다. 내 자신이 답답했고, 남들이 노래하는 모습이 그렇게도 부러울 수 없었다.

그런 나에게 큰 위로가 되었던 것은 기도할 수 있다는 것이었다. 하나님은 내가 마음속으로 드리는 기도도 다 들으시니 목소리를 내지 않아도 된다는 게 기뻤다. 그렇게 힘들 때마다 교회에 앉아 기도했다. 나아지기는커녕 점점 목 상태가 악화되자 하나님께 더욱 간절히 매달리며 기도했다.

하지만 그 시간 역시 그냥 버려지는 시간이 아니었다. 하나님께서는 그 시간을 놀라운 훈련의 시간으로 사용하셨다. 그 시기에 나는 돈 주고도 못 배울 음악 훈련을 받을 수 있었다. 그건 바로 상상력 훈련이었다. 소리를 직접 낼 수 없으니까 상상으로 내야 했던 것이다. 성악가에게도 이미지 트레이닝이 필요한데, 소리가 안 나오니까 상상으로 그림을 그려갔고, 놀랍게도 그것이 내가 소리를 더욱 아름답게 내는 데에 큰 도움이 된 것이다.

그때부터 소리를 무작정 내려고 하는 것이 아니라, 소중하고 조심스럽게 내야 한다는 사실을 깨달았다. 그야말로 산교육이었다. 무엇보다 소리를 내는 것 자체가 얼마나 소중한 것인지를 체험했으니, 이보다 값진 경험이 있을까?

6개월이 흐르고, 수술 없이는 재생이 불가능하다는 의사의 말을 들었다. 절망 가운데서 혼자 울다가 찬송가를 불렀다. 여러 번 부르려고 시도했지만 제대로 부를 수 없었던 찬송가였다.

"아, 하나님……"

"아, 하나님의 은혜……"

제대로 나올 리가 없다. 그런데 다시 용기를 내어 부르려고 하자, 갑자기 한 곡이 끝까지 무리 없이 나오는 것이었다. 너무 감격해서 눈물을 흘리면서 기도했다.

"하나님, 감사합니다, 감사합니다."

찬송가 한 곡을 끝까지 부른다는 것이 이렇게 감격스러운 일인지 몰랐다. 예전에는 너무나 당연하고 아무렇지도 않았던 일인데 말이다. 그러면서 점점 다른 노래들도 부를 수 있게 되었다.

이런 일들을 계기로 곡 하나 하나를 부르는 것에 대한 소중함과 감사를 깨닫게 되었다. 또한 소리 하나 내는 것에도 의미를 담기 시작했고, 그 소리를 가슴에 담기 시작했다. 주위에서도 더 좋은 반응이었다. 레슨 받는 중에 반주하시는 선생님이 감동 받았다며 운 적도 있었다.

'위기'는 무심코 넘겼던 본질적인 것의 소중함을 다시 불러 일으켰다. 평생 소리로 일을 해야 하는 나에게 무엇보다 중요한 것은 소리 그 자체였다. 환경의 어려움은 더 이상 내게 제약이 되지 않는다는 사실을 깨달았다. 그때의 경험은 지금도 노래를 하는 나에게 중요한 교훈이 되어준다. 그리고 감사를 잃지 않게 해준다. 지금 내가 부르고 싶은 노래를 부를 수 있다는 것만으로도 나는 얼마나 행복한 사람인가.

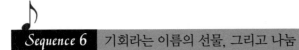

Sequence 6 　기회라는 이름의 선물, 그리고 나눔

　　로마에서 본격적으로 학교생활을 하면서 가이드를 하는 한국 학생들이 많다는 것을 알게 되었다. 성악을 해봤자 그렇게 돈을 많이 벌 것 같지 않으니, 돈을 많이 벌 수 있는 가이드를 하기 시작한 것이다. 이탈리아에는 한국 사람들이 많이 오니까 그들을 대상으로 전문적인 가이드를 한 것이다. 나 역시 IMF로 인해 경제적으로 어려움을 겪으면서 이런 생각을 했다.

　　'나도 가이드를 하며 생활비를 벌어야 하는 거 아닌가?'

　　어렵더라도 공부에만 집중하려고 했지만 도저히 생활고 때문에 견디기가 힘들었다.

　　그때 하나님이 내게 보내주신 사람들이 있었다. 그들은 한국 사람이 아닌, 이탈리아 사람들이었다. 그들에게 나의 이런 사정을 자연스럽게 이야기했는데, 그들이 레스토랑을 소개시켜주면서 그곳에서 노래를 할 수 있게 해주었다. 많은 사람들이 앉아서 식사하는 레스토랑 무대에서 연미복을 입고 노래를 하는 아르바

이트였다. 그 일은 나에게 큰 도움이 되었다. 저녁식사도 제공받고, 노래해서 받은 돈으로 생활비에 보탤 수 있었다. 당시 열흘 일하면 1,000유로였는데, 우리나라 돈으로 150만 원이었으니 나에게는 엄청나게 큰돈이었다.

그런데 알고 보니 이 일은 자리싸움이 치열한 아르바이트였다. 이탈리아에는 성악을 하는 외국 사람들도 많고 특히 현지 이탈리아 사람도 많아서 들어가기 어려운데, 나는 소리가 크고 테너는 흔치 않아서 들어갈 수 있었다. 그야말로 '땡 잡았던 것'이다.

무엇보다 좋았던 점은 경제적인 것보다 노래를 할 때 사람들의 반응을 바로 느낄 수 있었던 것이다. 노래를 못 부르면 사람들이 박수를 별로 안 치고 계속 밥만 먹는다. 그런데 노래를 잘하면 노래에 집중하고 박수를 친다. 그런 것들이 나에게는 실전 훈련이 되어 많은 도움을 주었다.

이 일을 계기로 내가 설 수 있는 무대가 더 많아지기 시작했다. 일하면서 이탈리아 사람들과 친해지다 보니, 서로 레스토랑을 소개시켜주는 것이었다. 다른 한국 학생들은 부모님의 경제적 지원을 기다리는 상황이었는데, 나는 오히려 이런 식으로 경제적 위기를 극복할 수 있었다. 그래서 나중에는 다른 한국 사람이 일할 수 있도록 내가 얻은 기회를 넘겨주기도 했다.

또한 노인정 같은 곳을 다니면서 자선공연을 할 기회도 생겼다. 거의 매주, 오후에는 노인정이나 고아원 같은 곳을 다니면서 무료 공연을 했다. 그러면서 느낀 것은 무료 공연을 통해 오히려 내가 행복해진다는 것이었다. 사람들이 나의 노래를 들으면서 기뻐하는 모습들은 무대에서 느낄 수 없는 또 다른 행복을 내게 가져다주었다. 그렇게 즐겁게 일하다보니 의도하지 않게 노래를 잘한다고 소문이 났고, 그 소문 덕분에 다른 곳에서 공연을 할 기회를 얻기도 했다.

더 감사한 것은 이렇게 일하다 보니 오페라단과도 연결이 되었던 것이다. 실제로 로마에 내 이름을 건 포스터로 도배를 한 적도 있었다. 하루에 두 편씩 오페라에 올라갈 때도 많았다.

그렇게 나는 낯선 땅에서도 좋은 기회를 선물로 받을 수 있었다. 어렵게 얻은 기회들이었지만, 나는 그것을 나만의 것으로 움켜쥘 필요는 없다고 생각했다. 왜냐하면 그것은 나에게만 주어진 것이 아니었고, 나만을 위해 주어진 것도 아니었기 때문이다. 그 기회들은 분명 하나님으로부터 왔다고밖에 설명할 수 없는 기적들이었다. 나에게는 그 기적을 나누는 것이 당연했다. 나누면서 그것이 결국 나에게 더 큰 행복으로 돌아온다는 것을 경험했다.

어머니, 메리 크리스마스!

하늘에는 영광, 땅에는 평화! 기쁨이 가득한 성탄절입니다.

어머니, 성탄을 맞아 안부 인사도 드리고 짧게나마 카드를 적어 올려요.
벌써 1998년이 막바지를 다다르고 있네요. 나라 전체에 경제 위기가 닥치면서 많이도 힘들었던 한 해가 아니었나 싶어요. 저도 이곳에서 경제적인 문제로 많이 애가 탔지만, 그래도 어머니는 더 힘드셨겠지요? 아들이 보탬이 되어드리기는커녕 짐만 되어드린 것 같아 송구하기 그지 없어요.
다사다난했지만 98년 마무리 잘 하시고, 99년에는 더욱더 행복한 날들이 이어지시길 기도해요. 전 그런 날들이 올거라 믿어요. 어머니, 건강은 어떠신지요? 무엇보다 저는 어머니의 건강이 제일 염려됩니다. 아무쪼록 건강하시고 99년에는 좋은 소식만 들리길 기대합니다.
성탄절을 맞아 예수님의 사랑을 더욱 듬뿍 받으시길 바랄게요. 예

수님은 사랑과 평화를 가지고 이 세상에 오셨어요. 가난한 자에게
는 부요를, 병든 자에게는 치유를, 그리고 평안과 기쁨을……. 어
머니와 할머니 그리고 용성이, 우리 가족 모두에게 예수님의 사랑
이 넘쳐나기를 원합니다.
저는 타지에서 어머니를 생각하며, 더욱 열심히 공부에 매진하겠
습니다. 힘들 때마다 하나님을 바라보고, 또 어머니를 떠올리면서
하루 하루 견뎌나가겠습니다.

즐거운 성탄 되시고 새해 복 많이 받으세요.

이탈리아에서 큰 아들 올림

03
위기 아닌
위기

Sequence 1 두 마리 토끼를 동시에 놓친다면

처음 이탈리아에 갈 때 목사님과 약속한 유학 기간은 5년이었다. 그런데 막상 유학길에 오르고 나니 이곳에서 해야 할 것이 생각보다 많았다. 5년이 지나면 학교는 졸업할 수 있었지만 콩쿠르 등의 정식 무대 경험을 쌓지 않으면 실제로 성악을 하는 데 큰 도움이 되지 않는다는 사실을 알게 된 것이다. 그래서 학교를 빨리 졸업해야겠다고 생각했다.

보통 유럽 학교에 있는 월반 제도를 이용한다면 조금 더 학교를 일찍 졸업할 수 있었다. 그런데 아쉽게도 산타체칠리아 음악

원에는 그 제도가 없었다. 도저히 안 되겠다는 생각에 방법을 생각하다가, 다른 학교의 4학년으로 편입하는 시험을 봐서 합격했다. 하지만 그 기쁨은 얼마 가지 못했다. 나를 질투하던 한국 학생들이 내가 법을 어겼다며 양쪽 학교에 나를 신고한 것이다. 원래 학교에 다니고 있는 상태에서는 다른 학교의 시험을 볼 수 없었는데, 나는 그렇게 하면 안 된다는 사실을 몰랐던 것이다. 결국 그 학생의 신고로 나는 두 학교 모두 다닐 수 없게 되었다.

나는 그렇게 하면 된다고 들어서 아무것도 모르고 한 일이었는데, 결과가 이렇게 되니 너무 속상했다. 그리고 무엇보다 그렇게 한 사람이 이탈리아 사람도 아니고 한국 사람이었다는 사실에 큰 충격을 받았다. 배신감이 너무 커서 다시는 한국 사람들을 만나지 않겠다고 결심했을 정도였다.

하지만 음악의 세계에서 이런 일들은 비일비재했다. 내가 이탈리아에서 힘들었던 것 중 하나가 바로 이런 분위기였다. 한국에서 음악을 제대로 배우지 못한 사람이, 그것도 권투를 했던 사람이 산타체칠리아 음악원에 바로 들어온 것도 전공자들에게는 썩 탐탁지 않은데, 막상 이곳에서 자신들보다 더 좋은 평가를 받으니 견딜 수 없었던 것이다.

나는 이런 분위기가 너무 어색했다. 이전에 권투를 할 때는 이런 경쟁의식을 느끼지 못했다. 상대 선수를 파악하고 견제하긴 했지만, 링에서만 그랬다. 하지만 음악의 세계는 전혀 달랐다. 앞에서는 서로 웃으면서 얘기했지만, 뒤에서는 서로를 끌어내리기 위해 무슨 짓이든 할 기세였다.

이 일을 계기로 나는 한국 사람들과 멀어지면서 외국 사람들과 더 친하게 지내게 되었다. 외국 사람들은 서로를 깎아내리면서 올라서려고 하지 않았고, 실력으로 당당히 경쟁했다. 그런 분위기가 나에게 더 편하게 느껴졌다. 그렇게 그들과 어울리게 된 것이 오히려 나에게는 플러스 요인이 되었다. 자연스럽게 그곳의 문화나 생활 습관, 언어 습관들을 익힐 수 있었던 것이다.

그리고 좌절하지 않고 1년 동안 다시 공부하며 준비를 했고, 다음 해 4학년으로 무사히 편입해서 원래 계획대로 학교를 빨리 마칠 수 있었다.

Sequence 2 위기가 가져다준 선물

1년의 공백기를 경험하게 되어서 마음의 상처도 컸다. 하지만 하나님은 위기 가운데에서 생각지도 못한 선물을 주셨다. 그 공백기 동안 많은 콩쿠르 경험을 할 수 있게 해주신 것이다.

처음으로 입상한 대회는 '오르비에토Orvieto 콩쿠르' 였다. 무대에 서서 노래를 하는데, 그날따라 유난히 노래도 잘 됐고, 심사위원들의 반응도 좋았다. 내가 거의 1등을 하는 분위기였다. 주위에서도 무조건 내가 1등이라고 말했다. 그런데 막상 순위를 발표하는데, 내 이름이 3등에서 불리는 것이 아닌가. 당연히 1등이라고 생각했는데, 3등에 내 이름 석 자가 불리자 순간 화가 치밀어 올랐다.

사실 그 전까지는 3등 안에 드는 것이 소원이었다. 몇백 명이 모여서 경쟁을 하는데 3등 안에 드는 것만으로도 황홀한 일이 아닌가. 그래서 3등은 꿈도 못 꾸고 그저 9명 안에 드는 것만으로도 영광으로 생각했었다. 콩쿠르에서는 1, 2, 3등을 포함해서 많게는 9명, 적게는 7명 정도를 뽑고, 그 사람들이 오케스트라와 함께 피날레를 한다. 그러니 9명 안에 포함되어 피날레를 장식하는 것만으로도 대단한 일이었다.

그런데 그렇게 바라던 3등을 막상 하고나니 감사는커녕 원망만 가득했다.

'도대체 내가 왜 3등이야. 나보다 못하는 저 사람은 1등인데……. 분명 저 사람은 이탈리아 사람이라서 1등이고, 나는 한국 사람이라서 3등을 준 거야.'

나는 심사위원들에게 가서 따지기까지 했다.

"대체 내가 3등인 이유가 무엇입니까? 뭐가 문제입니까?"

　심사위원들은 내가 고음을 낼 때 너무 힘들어 보였다고 이야
기했다. 하지만 흥분한 내 귀에 그 말이 들어올 리가 없었다. 그
럴 리가 없다고 생각하며 씩씩거리다가, 그로부터 3~4일 정도
지나 심사위원들의 말이 생각나서 당시에 내가 노래했던 비디오
를 찾아보았다. 그런데 정말 인상을 많이 써서 그런지 심사위원
들의 말대로 고음 부분에서 힘들어보였다.

　'아! 그래서 내가 힘들어 보인다고 했구나.'

　당시에는 인정하기 싫었지만 다시 나를 객관적으로 보니 부족
한 부분들이 눈에 들어왔다. 그 후로는 거울을 보며 연습했다.

노래뿐만 아니라 표정까지 연습을 해야 한다는 걸 깨닫게 된 것이다.

당시엔 3등이라고 원망을 했지만, 오히려 감사했다. 만약에 그때 내가 1등을 했다면, 내가 몰랐던 것은 계속 모르고 있었을 것이었다. 그리고 이전에 3등 안에라도 들기를 간절히 소원했던 때가 떠오르면서, 감사하지 않았던 나의 모습을 회개했다. 그때 받은 3등은 나에게 너무나 귀한 상이었다는 것에 진심으로 감사할 수 있게 되었다. 또한 새로운 도전에 대한 의지를 품었다.

'앞으로는 심사위원들이 도저히 나를 떨어뜨릴 수 없는 실력을 키워야겠다. 내가 이탈리아 사람이 아니어도, 그 콩쿠르에 다른 비리가 있다고 하더라도, 월등히 잘하면 절대 나를 떨어뜨릴 수 없을 거야.'

그 일을 계기로 더 열심히, 완벽하게 연습을 했다. 무엇보다 그 이후로는 1차 콩쿠르에 승부수를 두었다. 1차 때 가장 잘하는 곡을 불러서 심사위원들에게 나를 각인시켰다. 신기한 것은, 외국인이라고 할지라도 받는 감동은 동일하다는 것이다. 그래서 이탈리아 사람들을 감동시키려는 노력을 많이 했다. 소리를 좀 더 세심하게 내려고 노력했고, 그 노력으로 심사위원들이 내 노래에 감동받는 것을 확인할 수 있었다. 어떤 여자 심사위원은 내 노래가 끝나자마자 "브라보Bravo!"를 외치면서 소름이 끼친다고 평하기까지 했다. 게다가 저렇게 노래를 해야 한다고 말하기도 했다.

"이렇게 잘 하는 가수가 또 어디 있겠는가!"

이렇게 첫 입상의 기억은 나를 더 혹독하게 훈련시켰고, 나는 직접 경험하며 성악의 원리들을 하나하나 배워갔다.

♪ Sequence 3 후불제의 배짱

그 이후로 나는 점점 더 많은 상을 타기 시작했다. 사실상 콩쿠르에서 등수는 큰 의미가 없다. 3등 안에 들어서 상을 받았다는 것 자체가 중요한 것이다. 200~300명이나 되는 사람들 중에 1, 2, 3등을 한다는 것만으로도 굉장히 큰 의미가 있기 때문이다.

콩쿠르에 입상을 하면 700만 원, 500만 원, 300만 원의 상금이 있다. 이탈리아는 유난히 상금이 크지만, 동시에 콩쿠르에 참여하기 위해 드는 비용도 만만치 않다. 콩쿠르를 하는 장소까지 가려면 보통 100만 원 정도의 비용이 든다. 그리고 대략 300명 정도 되는 사람들이 노래하고 심사를 받기 위해서는 1차 심사만 3일이 걸린다. 거기에 2차는 2일 정도, 그러면 벌써 5일이 소요된다. 피날레까지 하면 거의 6~7일이 걸린다. 어떤 콩쿠르는 심지어 2주, 혹은 한 달 동안 진행되는 경우도 있다. 그래서 오가는 차비뿐만이 아니라, 그 기간 동안의 숙박비도 만만치 않다. 사실 나는 콩쿠르에 가는 목적 중 하나가 등록금과 생활비를 벌기 위해서인데, 호텔 숙박비로 많은 돈을 쓸 수는 없었다. 그래서 한번은 이렇게 결심했다.

'잠은 차에서 자고, 음식은 싸가자.'

주섬주섬 짐을 싸기 시작했다. 밥통, 고추장, 참치, 그리고 이불……. 그래도 자존심 때문에 한국 사람들에게 이런 모습을 보이고 싶지 않았다. 다른 참가자들이 어느 호텔에서 묵냐고 물어보면 호텔을 좀 멀리 잡았다고 둘러대고 몰래 차에서 잤다. 아니면 논에 가서 자기도 했다. 그러다 개가 짖어서 시끄러우면 자다가 일어나서 벤치가 있는 곳으로 장소를 옮겨서 자기도 했다. 그렇게 자고 일어나면 얼마나 몸이 찌뿌드드한지 모른다. 보통 다른 참가자들은 최상의 컨디션을 위해서 잘 먹고 잘 자려고 난리인데, 나는 한 푼이라도 아끼려고 컨디션은 생각도 하지 않고 이렇게 한 것이다.

그럼에도 감사하게 1차, 2차를 잘 통과할 수 있었다. 2차를 마치면서 왠지 좋은 예감이 들었다. 심사위원들 중 몇 명이 내 노래를 썩 마음에 들어 하며 흥분하는 모습을 보았기 때문이다. 분명히 상을 타리라 믿어 의심치 않았다.

3차 시험을 앞에 두고, 더 이상 그런 노숙 생활을 견디기 힘들어 일단 호텔로 들어갔다. 무슨 배짱이었겠는가? 호텔은 후불제니까 상을 타면 그 상금으로 호텔비를 지불하면 되는 것이고, 만약 못 타게 되면 몸으로 때울 요량이었다.

호텔에 여권을 내고 들어갔다. 샤워도 하고 레스토랑에서 밥도 먹었다. 결승을 눈앞에 두고 있으니 잘 먹고 보자는 마음에 고기를 시켜 정말 잘 먹었다. 시간이 흐르면서 문득 걱정이 되기도 했다.

'만약 상을 못 타면 어쩌지? 잡혀 가게 될까? 아니면 누구한테라도 빌려야 하나?'

결전의 날이 다가왔다. 심사까지 다 끝나고 결과를 발표할 시간이 되었다.

'3등이라도 했으면 좋겠다.'

그러나 3등에 내 이름이 호명되지 않았다.

'2등일까?'

2등에도 호명되지 않았다.

조금 전까지는 마음만 조마조마하더니, 이제는 몸까지 부들부들 떨리기 시작했다. 곧 1등을 발표하는 순간이었다.

드디어 1등에 내 이름이 호명되었다. 나는 옆에 있는 사람들을 다 껴안았다. 내 생애 그렇게 좋아해본 콩쿠르는 또 없었을

것이다. 얼마나 기뻤던지, 호텔비를 지급할 때 당당히 팁까지 주
면서 나올 수 있었다.

Sequence 4   언제나 생각처럼 되지는 않았지만

한번은 로마 대표로 뽑혀서 오스트리아 빈Wien에서 열리는 콩
쿠르에 참가한 적이 있었다. 대표로 뽑힌 사람들은 2차에 바로
진입할 수 있었고, 그렇지 못한 참가자들은 1차부터 시작해야

했다. 나는 2차부터 시작하기 때문에 결승까지 넉넉히 하고 돌아올 수 있도록 그 기간에 맞춰서 비행기 표를 끊었다. 그러면서 생각했다.

'믿음으로 된다! 상 타겠지? 분명 탈 수 있을 거야.'

그런데 웬걸, 2차에서 바로 떨어진 것이 아닌가? 비행기를 타고 돌아가려면 5일이나 기다려야 했다. 결승 끝나고 상금까지 받아서 갈 생각으로 항공권을 예약하고 왔기 때문이다. 앞이 캄캄했다.

'아. 이제 어쩌란 말인가. 남은 5일을 기다릴 수 없는데……. 아니, 기다리기 싫은데…….'

나는 화도 났고 관계자들을 보는 것조차 싫었다.

'당장 짐을 싸고 가서 표를 끊자.'

그 길로 공항으로 달려가 표를 끊는데, 당일 표를 끊으려고 하니까 너무 비쌌다. 수중의 돈을 다 긁어모으니 딱 5유로가 부족했다. 한국 돈으로 7~8천 원이 부족한 것이다. 하는 수없이 직원을 붙들고 애원을 했다.

"비행기 표 좀 제발 끊어주세요. 저 당장 가야 해요."

지금 안 끊으면 그날 숙박도 해야 하고, 그러다 보면 숙박비로 돈을 더 쓰게 될 것이 뻔했기에 나는 사정을 얘기하며 매달렸지만, 직원은 냉정했다.

지금에서야 드는 생각이……, 공항에서 노래 한 곡만 불렀어도 5유로쯤 못 벌었겠는가? 이렇게 쉬운 방법을 생각 못한 채 나는 오가는 사람을 붙잡으며 구걸을 하기 시작했다.

"5유로만 주세요."

그러나 아무도 빌려주지 않았다. 그때 내 인상이 얼마나 원망스럽던지. 가뜩이나 험악해 보이는 인상인데, 콩쿠르에서도 떨어지고 표까지 안 끊어주니 화가 날 대로 나 있어 얼굴이 계속 굳어진 상태였다. 거기에다 옷도 후줄근했으니 오히려 사람들이 피해가기 시작했다. 심지어는 한국 사람으로 보이는 사람을 붙잡았더니, 한국말로 "저 한국사람 아니에요." 하면서 피하는 것이었다. 얼마나 기가 막히고 굴욕적이던지…….

5유로가 없어서 로마로 못 돌아가고 빈의 거리를 뚜벅뚜벅 걷다가 가장 저렴하고 허름해 보이는 한 호텔에 들어갔다. 배도 고프고 짜증이 났다. 아무 목적 없이 다시 나와서 그냥 걸었다.

그런데 갑자기 거리에서 낯익은 글씨의 간판이 보였다. 한글로 '한국 식당' 이라고 적혀있는 간판이었다. 어차피 비행기 표를 못 끊어서 돈이 있으니, 일단 밥이나 먹자는 생각에 들어갔다. 제육볶음을 하나 시켜서 먹다가, 식당 주인 분에게 그날 일에 대해 하소연을 했다. 그런데 놀랍게도 사정을 듣던 그분이 갑자기 자기가 돈을 빌려주겠다고 하는 것이었다.

그때 얼마나 그분께 감사했는지. 초면인 나를 믿어주고 돈을 빌려준 것이 너무나 감사했다. 이렇게 위기의 순간에 나는 또 은인을 만나 무사히 로마로 돌아올 수 있었다.

Sequence 5 | 브라보! 브라보!

나폴리Napoli에서 열린 콩쿠르에 참가했을 때의 일이다.

1차를 통과하고 2차 경연을 하던 날이었다. 나는 '저 불꽃을 보아라Ah, si ben mio core... di quella pira'라는 곡을 불렀다. 이 곡은 굉장히 높은 고음을 내야 했기에 어려웠지만, 다행히 긴 호흡으로 고음을 쭉 끌면서 잘 부를 수 있었다. 심사위원들의 표정도 좋았고 주위에서 보는 사람들도 잘했다고 말해주었다. 그런데 좀 이상한 것이, 다른 참가자 중 어떤 참가자들은 악보를 보면서 부르기도 하고, 학생처럼 딱딱하게 노래를 부르기도 하는 것이었다. 이해가 잘 되지 않았다.

'아니, 저렇게 부르는데 어떻게 1차를 통과했지?'

어쨌든 결과를 기다리고 있는데, 어이없는 결과가 발표되었다. 아까 악보를 보고 부르거나 아마추어처럼 불렀던 사람들은 붙었는데, 나는 떨어진 것이다. 순간 멍해졌다. 분명히 이건 뭔가 잘못되었다고 생각했다.

　나만 그런 생각을 한 건 아니었다. 주위에서도 입상한 사람들을 보며 비리가 많은 것 같다며 수군대기 시작했다. 그렇다고 누구 하나 가서 따지지도 못하고 있던 상황이었다.

　나는 도저히 참을 수가 없었다. 심사위원들이 있는 방에 가서 다짜고짜 문을 열고 소리쳤다.

　"도대체 내가 떨어진 이유가 뭡니까?"

　심사위원 한 사람 한 사람에게 다 따졌다. 그랬더니 당황한 심사위원이 본인은 모르겠다며 옆에 있는 사람에게 물어보라는 것이었다. 그 사람에게 물으면, 다음 사람에게 물어보라고 하고, 결국 마지막 심사위원 앞에까지 왔다. 그랬더니 처음에는 아무 말도 못하다가 무서워서 떨리는 목소리로 말했다.

　"그래 박자, 어…… 박자 좀 빨리 가야 되는데 너무 늦게 갔어요."

　이 무슨 말도 안 되는 변명인가. 나는 이탈리어로 소리를 지르며 자리를 박차고 나왔다.

　"지금 무슨 말도 안 되는 소리야! 무슨 이런 콩쿠르가 있어! 아주 지저분하고 더러운 콩쿠르!"

　그러자 다른 참가자들이 박수를 치면서 나에게 잘했다며, 속이 다 시원하다고 했다. 콩쿠르를 주최했던 사람 역시 내 노래를 칭찬하면서, 나중에 콩쿠르 우승하는 사람들이 해야 하는 공연 때 나에게 연락을 하겠다고 했다. 당시에는 그냥 하는 말인 줄 알았는데, 나중에 실제로 연락이 왔다. 주최 측도 심사위원들이 공정하지 않게 심사한 것을 알고 있었기에 나를 따로 불렀던 것이다.

마지막 우승자들이 공연하는 자리에서 내가 노래를 하는데, 엄청난 호응이 있었다. 이탈리아 사람들은 자신들의 지역에 대한 애정이 매우 깊은데, 나폴리 사람들 앞에서 나폴리 사투리와 그들의 억양으로 노래를 하니까 사람들의 피가 끓은 것이다. 저마다 일어나서 외쳤다.

"브라보! 브라보!"

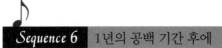

Sequence 6   1년의 공백 기간 후에

학교를 다니지 못했던 1년간의 공백기를 돌아보면, 그 기간은 나에게 콩쿠르 경험을 쌓게 하고 입상의 영광을 안겨주는 기회였다. 많은 콩쿠르 가운데에서 살아 있는 인생과 음악 교육을 받을 수 있었다.

인생은 마라톤이다. 지금 누가 앞서고 누가 뒤처지고 있는지

168

는 중요하지 않다. 마지막에 누가 우승을 하느냐가 중요하다. 물론 여기에서의 우승은 실제로 1등을 하는 것을 말하는 것이 아니다. 종국에 가서 진정한 행복을 누린다면, 그것이 우승이다.

지금 뒤처졌다고 해서 열등감을 가질 필요가 없고, 누가 앞서 간다고 해서 그 사람을 괴롭히며 끌어내릴 필요가 없다. 진실과 실력은 꼭 필요한 순간에 드러나기 때문이다. 그때까지 아무리 불의한 상황이 있어도 나 자신을 다듬으며 훈련하면 된다.

지금도 나는 후배들한테 이렇게 이야기한다.

"멀리 봐라. 인생은 누가 마지막에 골인하느냐가 중요하다. 네가 앞설 수 있고 네가 뒤처질 수도 있다. 하지만 나중에 네가 잘 하면 되지 않느냐. 지금 상대를 비방해서 끌어내리려고 하지 마라. 남의 실력도 인정하고 자기가 부족한 것을 인정해야 발전이 있다. 스스로 발전은 안 하면서 잘나가는 사람을 비방만 해봤자 하나도 소용 없다."

빨리 지나가기만을 바랐던 그 1년의 공백 기간은 오히려 많은 것을 배웠기에 더욱 금세 지나간 것처럼 느껴졌다. 오히려 강의실 밖에서 그 어디에서도 배울 수 없는 보물들을 얻게 되었다.

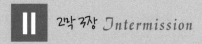

Nessun dorma(공주는 잠 못 이루고)

※ 푸치니의 오페라 〈투란도트Turandot〉 3막에 나오는 아리아

Nessun dorma Nessun dorma!
어느 누구도 잘 수 없네 어느 누구도 잘 수 없네!

Tu pure, o Principessa nella tua fredda stanza
당신도 마찬가지입니다 공주여 당신의 차가운 방에서

guardi le stelle che tremano d'amore e di speranza!
사랑과 희망으로 떨리는 별들을 바라봐요

Ma il mio mistero e' chiuso in me, il nome mio nessun sapra
하지만 비밀은 내 안에 숨겨져 있어 아무도 내 이름을 모를 겁니다

No, no, sulla tua bocca lo diro quando la luce splendera
아니, 아니, 날이 밝아올 때 당신의 입은 내 이름을 말할 겁니다

Ed il mio bacio sciogliera il silenzio che ti fa mia

나의 키스는 당신을 나의 것으로 만드는 침묵을 녹이고

Dilegua, o notte tramontate stelle! Tramontate stelle!

오, 밤이여 사라지고 별들이여 떨어져라!

All' alba vincero! Vincero vincero!

아침이 오면 나는 승리하리라! 승리하리라!

– 편집부

04

유학 생활
실전기

♪
Sequence 1   좀 틀리면 뭐 어때?

사실 유학생활에서 가장 중요한 것은 그 나라 말을 익히는 것
이다. 돈보다 말이 재산이라고 해도 과언이 아니다. 말이 통하면
적극적으로 행동할 수 있고 사람들과 잘 어울릴 수 있기 때문
이다.

처음 이탈리아에 가서 10개월 정도는 언어만 집중적으로 공
부했다. 모르는 게 있으면 기본단계를 한 번 더 했다.

나는 언어를 빨리 익히는 편은 아니다. 오히려 늦은 편이다.
그런데 내가 특별히 가지고 있는 강점이 하나 있다면, 바로 두려

움이 없다는 것이다. 처음부터 이탈리아 사람들과 어울려 지냈기에 언어에 대해 편하게 생각했다. 사람은 다 똑같고, 언어도 의사소통을 위한 것이니 소통만 되면 문제없다고 생각했다. 그래서 문법이 틀릴 것을 염려해서 말을 못하거나 주저하지 않았다.

한국 사람은 외국에 나갔을 때 말을 잘 못한다. 특히 다른 한국 사람이 있는 곳에서는 더 그렇다. 서로 비교하기 때문인 것 같다. 하지만 나는 개의치 않고 다 얘기했다. 같이 이야기하던 한국 사람이 나를 불러서 아까 한 말 문법이 틀렸다며 바른 문법을 가르쳐줄 때도 있었다. 그러면 나는 고맙게 받아들인다. 또 계속해서 문법이 어떻든 이탈리아 사람들과 이야기를 했다. 그렇다 보니 나보다 말을 더 잘하는 한국 학생은 여전히 이탈리아 친구가 별로 없는데, 나는 문법에 맞는 말은 잘 못하면서도 이탈리아 친구들을 많이 사귀었다.

언어가 중요하긴 하지만 꼭 정확하게 말을 잘해야 사람들과 친해질 수 있는 것은 아니다. 몸짓, 표정으로도 충분히 소통하며 친해질 수 있다. 심지어 한국말로 해도 대충 뉘앙스를 느끼며 알아듣는 경우도 있다. 그래서 나는 일부러 이탈리아 사람들이 자주 모이는 카페를 찾아 다녔다. 동네 아저씨들, 할머니, 할아버지들과 커피도 마시고, 한쪽 모퉁이에 설치된 당구대에서 같이 당구도 쳤다.

그런 곳에 앉아 있으면 다양한 질문이 들어오는데, 잘 들어보면 오는 사람들마다 하는 질문은 거의 비슷비슷하다.

"너 이름이 뭐야?"

"중국 사람이야?"

"중국 사람 아니면, 일본 사람이야?"

"한국이면…… 북한이야? 남한이야?"

같은 말을 물어보면 나는 계속 같은 말을 반복했다. 그러면서 자동으로 그 말이 습득이 된다. 반복효과다. 그리고 중간 중간 학원에서 배운 단어들을 활용하여 말을 더듬더듬 해보기도 한다. 그러면 그때마다 도와준다.

"헤이! 그렇게 쓰는 거 아니야."

이건 이렇게, 저건 저렇게, 살아 있는 교육을 시켜준다. 원래 이탈리아 사람들은 대화하는 것을 좋아한다. 나는 그런 틈에 끼어 그들과 교제도 하고 그들의 말도 배웠다.

또한 말은 못했지만 문화를 배워야 한다는 생각에 클럽도 가고, 친구들 모임에도 적극적으로 갔다. 당연히 처음에는 아무 말도 못한다. 무엇을 물어봐도 무슨 말인지 모르니 묵묵부답이다. 이름을 물어보는 듯하면 간단히 답변하고 끝이었다.

"어, 용갑, 용갑."

자기네들끼리는 축구나 정치에 관해 막 떠들지만 나는 그냥 멍하니 있는다. 그렇다고 문제될 것도, 부끄러울 것도 없다. 한국 사람들끼리도 있다 보면 말하는 사람들만 말할 뿐, 가만히 있는 사람들은 가만히 있는다. 그렇게 하면 되는 것이다. 많은 한국인들이 외국인을 만나면 뭔가를 말해야 한다고 생각한다. 말을 잘 해야만 어울릴 수 있다는 강박관념을 갖는다. 하지만 우선 얌전한 사람마냥 가만히 있으면 된다. 그렇게 있다 보면 귀가 뚫리게 되고 말이 들리기 시작한다. 그리고 그렇게 어울리는 동안, 나는 유심히 그들의 문화나 말할 때 행동들, 습관들을 관찰했다.

'서양 사람들은 저렇게 웃네?'

'밥 먹을 때는 소리를 내면 안 되는구나.'

'코는 왜 이렇게 크게 풀지?'

그렇게 작은 것에서부터 하나하나 문화를 익혀갔다. 그들 역시 먼저 자신들의 문화에 대해 가르쳐주곤 했다. 내가 라면을 먹듯이 스파게티를 '후루룩' 소리 내어 먹으면 "어, 후루룩, 노, 노, 노. 어, 이렇게 먹으면 안 돼."라고 하며 피부로 와 닿게끔 가르쳐주었다. 커피 마실 때도 '후루룩' 마셨더니 안 좋은 매너라고 알려주었다. 그런 세심한 조언 하나하나가 얼마나 고마웠는지 모른다.

그리고 그들은 내가 성악 지망생인 것을 알았기에 시도 때도 없이 노래를 시켰다. 그러면 나는 완벽히 외워둔 '오 솔레미오'

를 불렀다. 그들은 그저 신기해했다. 말도 못하는 애가 이탈리아어로 완벽히 노래를 부르니 말이다.

3개월 정도를 그렇게 그들의 문화를 익히고 나서 학교에 가니 익숙한 말들이 들려오는 것이 아닌가? 한국 사람들은 배우기는 하지만 뉘앙스를 잘 모르는 경우가 많다. 나는 뉘앙스부터 배워서 그런지, 한국 사람들이 잘 못 알아듣는 말도 알아들을 수 있었다. 이탈리아 사람은 말을 할 때, 문장으로 완벽하게 하지 않는다. 그런데 한국 사람은 문법을 다 따지고 문법이 틀릴까봐 전전긍긍하다가 말할 기회를 놓친다.

사실 이는 한국에서도 마찬가지다. 한국말도 어디 가냐고 물었을 때, "나는 간다. 집에." "나는 집에 갈 거야."라고 하지 않는다. 그냥 "집."이라고 하면 끝이다. 한국도 이탈리아도 마찬가지인 것이다.

문장으로 하면 오히려 발음 때문에 이탈리아 사람들이 못 알아듣는데, 내가 핵심 단어만 탁탁 던지니 더 잘 알아듣는다. 그러니 말을 탁월하게 잘하지는 못해도 의사소통은 잘 되었다. 일단 말은 의사소통의 수단 아닌가? 내 의사를 표현하고 상대의 의사를 알아듣는 것이 문법을 맞추는 것보다 우선되어야 한다고 생각한다.

그리고 좀 틀리면 그때는 이탈리아 친구들이 알려준다. 어떤 사람들은 그럴 때 자존심부터 상해 하는 경우가 있다. 하지만 배워야 하는 건 당연한 일이다. 그 언어가 모국어도 아닌데, 어떻게 완벽하겠는가? 겸손한 마음으로 배우면 남들보다 금세 발전하고 더 많은 것을 얻어갈 수 있다.

Sequence 2 두드리다 보면 열린다

유학생들이라면, 알게 모르게 존재하는 동양인에 대한 무시와 차별을 느끼게 된다. 그 벽을 넘으면 더 가까워질 수 있게 되고, 그 벽을 한계로 느끼면 더 멀어지게 된다. 만약에 이탈리아 사람이 한국에 온다고 하면 우리 역시 그들을 어색하게 대하지 않을까? 적어도 한국 사람을 대하듯 대하지는 못할 것이다. 마찬가지로 그들도 충분히 어색해할 수 있다. 그러므로 이러한 차이를 자연스럽게 인식하다 보면 관계에 문제가 생기지 않는다. 괜히 무시당하는 것 같아 열등감을 가질 필요가 없다.

그들은 한국인을 보면 이렇게 말한다.

"오! 치네제Cinese?"

중국 사람이냐는 뜻이다. 눈을 옆으로 하면서 놀리기도 한다. 눈이 작고 옆으로 찢어진 동양 사람을 놀리는 표현이다. 사실 늘 크고 동그란 눈만 보다가 동양 사람들의 작은 눈을 보니 신기해서 놀리는 것이다. 만약 그것을 무시한다고 생각하며 열등의식에 사로잡히면 그 사람과 절대 친해지지 못한다. 그래서 그들이 눈을 가지고 그렇게 이야기 할 때면, 나는 한술 더 떠 이렇게 말했다.

"어, 맞아. 그런데 하나 더 알려줄까? 너 중국 사람, 한국 사람, 일본 사람 구별하는 법 모르지? 구별하는 방법이 있어. 봐, 중국 사람은 이렇고……."

그러면서 나는 두 손가락으로 눈 꼬리를 위로 올린다. 그 다음엔 두 손가락으로 눈 꼬리를 아래로 내린다.

"일본 사람은 이래."

그러면 낄낄거리면서 웃고, 금방 친해진다.

그들이 이런 얘기를 할 때도 있다.

"너희들 개 잡아먹지?"

그럴 때도 나는 당황하지 않는다. 그리고 오히려 쿨하게 이야기한다.

"어. 개 잡아먹어. 엄청 맛있어. 그 맛 정말 장난 아니야. 너도 먹어볼래? 내가 직접 만들어서 우리 집으로 초대할 테니 한번 먹으러 와."

그래서인지 그들은 나에게 여태까지 만난 한국 사람하고 다르다는 얘기를 많이 했다. 아마도 매사에 더 적극적으로 그들과 어울리려 했기 때문인 것 같다.

　동양인이라는 것이 어느 경우에는 장점이 될 수 있다. 당시 '나카타'라는 일본 축구선수가 로마에서 축구를 했는데, 나카타 선수가 실수를 하면 해설위원은 이렇게 말을 했다.

　"일본 선수, 저러면 안 되죠!"

　그러나 골을 넣으면 금세 변했다.

　"아, 일본 선수, 대단합니다!"

　즉 타국 사람은 일단 주목을 받기 때문에, 잘하면 배로 칭찬을 받을 수 있다.

　음악에 있어서도 한국 사람이냐 이탈리아 사람이냐에 따라서 차이가 크다. 한국 사람인데 이탈리아 사람처럼 발음하면서 노래를 잘하면 누구보다 확실히 뜰 수 있다. "외국 사람인데 어쩌면 저렇게 우리말로 노래를 잘할까?"라고 말하게 되는 것이다.

　가끔 텔레비전에서 외국인 가요대회 같은 것을 보면 외국 사람이 우리나라 노래를 부르는데, 만약 발음이나 뉘앙스를 이상하게 부르면 마음에 와 닿지가 않는다. 그러나 외국인이 완벽한 한국어 발음으로 뉘앙스를 살려서 노래하면 우리는 모두 감동을 받는다. 그곳에서도 마찬가지인 것이다.

　이탈리아 말에서 가장 중요한 게 발음과 뉘앙스다. 얼마만큼 이탈리아 사람처럼 발음하고 그 뉘앙스를 전달해주느냐가 중요하다. 나는 현지인들과 함께 지내는 시간이 많다 보니 그 발음의 뉘앙스를 먼저 배울 수 있었다. 그리고 그들과 거의 차이가 안 나도록 연습했기에 그들은 나의 노래를 들으면서 더 많은 감동을 받았던 것이다.

한번은 내가 콩쿠르에 나가서 노래한 것을 녹음한 테이프를 이탈리아 사람들에게 들려준 적이 있었다.

"지금 이 노래 이탈리아 사람이 부르는 거지? 한국 사람은 아닌 것 같은데?"

다들 이렇게 말했다. 내가 콩쿠르에서 입상을 한 것도, 거리에서 공연을 할 때 이탈리아 사람들이 감동을 받고 좋아해주는 것도 다 그들의 뉘앙스를 살려서 하니까 감정이입이 되는 것이다. 어떤 사람들은 내가 소리가 크고 좋아서 콩쿠르에서 연이어 우승한다고 생각하는데, 사실은 발음과 뉘앙스 때문이다. 특히 나폴리는 사투리를 많이 쓰는데, 나폴리 출신의 반주자에게 나폴리 사투리 억양까지 직접 배우면서 그 느낌을 살렸다. 외국인이 나폴리에서 나폴리 발음으로 완벽하게 노래를 했기 때문에 모두가 열광한 것이다. 그래서 얻은 내 별명이 '나폴리타노Napolitano, 나폴리 사람' 다.

또한 관계에서 중요한 것은 적극적인 성격이다. 나는 원래 적

극적이고 긍정적인 성격인데 그것이 유학생활에 도움이 많이 되었다. 단점을 장점으로 부각시키기도 했다. 언어학교 다닐 때도 항상 손을 들어 적극적으로 질문하곤 했다. 콩쿠르에 나가면 다른 사람들은 구석에 앉아 있는데, 나는 외국사람 옆에 가서 앉아 얘기를 나누곤 했다. 농담하고 웃기기도 하며 오히려 외국 사람들을 주도했다. 그리고 한국 사람이 외국에서 살아남으려면 그들만이 갖고 있는 정보를 얻어야 한다. 나는 이탈리아 사람들과 어울리는 덕에 그 안에서 좋은 정보를 다 얻을 수 있었다. 자기네들만이 공유하고 있는 정보를 가져오는 것이다. 아무리 한국에서 많은 정보를 갖고 왔다고 해도 현지인이 가진 정보와는 비교가 되지 않는다. 신발은 어디서 고쳐야 하고, 중고용품은 어디서 사야 하는지 등, 자세한 것들은 정말 그곳에 사는 사람만 알 수 있지 않은가.

특히 음악계의 정보는 더더욱 그러했다. 현지인들과 지내다 보면 표면적으로 드러나지 않은 정보들을 알 수 있다. 모든 현지 정보를 다 알 수 있다고 해도 과언이 아니다. 예를 들어 어떤 소프라노가 테너를 구하고 있다고 하면, 나를 소개시켜달라고 할 수 있다. 자연히 나에 대한 정보가 알려지고, 그렇게 서로 소개해주곤 하는 것이다. 그러다보니 공연이 계속 늘어났다.

그렇다고 사람들을 이용하기 위해 친해지라는 의미는 아니다. 인간관계는 서로 돕고 돕는 관계인 만큼 노력해서 얻을 수 있는 것은 충분히 누릴 수 있어야 한다는 것이다. 단, 중요한 것은 그렇게 유익한 것들을 얻은 만큼 나 역시도 제공하고 베풀고 나누어야 한다. 정보를 얻고 관계를 형성하는 또 하나의 방법이 있다. 오페라 포스터가 벽에 붙어 있으면, 사람들은 어떤 오페라가 언제 어디서 하는지만 본다. 그런데 나는 그러지 않았다. 포스터를 보면 극단의 전화번호나 이메일 주소가 꼭 적혀 있다. 그러면 나는 전화번호와 이메일 주소를 적어두었다. 그리고 시간이 나는 대로 그곳에 전화를 했다.

"이번에 오페라를 하네요. 혹시 다음 공연은 언제 하나요? 그리고 오디션은 언제 보나요? 나중에 테너가 필요하시면 전화주세요. 제 이력서를 이메일로 보내드리겠습니다. 그리고 혹시 메인 테너나 엑스트라 테너가 필요하면 연락주세요."

나는 늘 이렇게 내가 찾아나섰다. 이렇게 적극적인 자세가 나의 관계 형성의 또 다른 비결이다. 내가 기다리고 있으면 누가와서 나를 모셔가길 바라면 절대 무대에 설 수 없다. 그냥 포스터가 보이는 대로 전화하고 메일로 이력서 보내고, 그렇게 적극적으로 나서야 한다. 그럼 언젠가는 전화가 오게 되어 있다.

그리고 나는 아무리 사소한 역할이라고 해도 일단 맡아서 최선을 다했다. 유럽은 출연료를 먼저 정확하게 제시한다. 그 금액이 내가 생각했을 때 적당하면 받아들이면 된다. 적극적으로 개척해나가야 한 번이라도 더 무대에 설 수 있다.

높이 나는 새가 멀리 본다는 말이 있다. 그렇다면 높이 날기 위해서는 어떻게 해야 할까? 더 많이, 더 부지런히 날갯짓을 해야 한다. 마찬가지다. 무슨 일이든지 적극적으로 두드릴 때 그 문은 열리게 되어 있다. 안에 사람만 있다면 귀찮아서라도 문을 열어줄 것이다.

어머니 전상서

가장 힘들 때 항상 떠오르는 얼굴, 어머니……

그건 어머니를 떠올리고 느낄 때마다, 다시금 힘과 용기를 얻기 때문입니다. 그러나 마음 깊숙이에는, 조금은 슬프게 간직되어 있는 어머니……

어머니, 건강은 어떠신지요? 가장 염려되는 것이 바로 어머니의 건강입니다. 더욱이 홀로 되셔서 많이 힘드실 텐데, 어머니라도 힘내시고 건강하셔야 할 텐데 말이에요. 힘내세요, 어머니. 아들들이 있잖아요.

어머니가 늘 염려되면서도 자주 연락을 못 드려서 죄송해요. 그러나 항상 어머니를 생각하고 있습니다. 제가 지금 어머니를 위해서 할 수 있는 것이라곤 그저 기도뿐인 것 같아요. 어머니를 위해 기도할 때마다 영육간에 평안하시라고 기도드려요. 이 땅에서 주님을 만난 기쁨, 천국의 기쁨이 가득하기를 또한 기도해요. 그리고 어머니의 형편과 사정을 다 아시는 하나님께서 모든 앞길을 책임져달라고 간구해요.

어머니, 어머니가 얼마나 강하신 분인지 저는 잘 알아요. 누구보다 여리셨지만 누구보다 강인한 정신력으로 우리를 키우고 돌보신 어머니. 어머니의 강하고 승리하신 삶을 전 존경해요. 사람들이 이 세상에서 가장 존경하는 여인이 누구냐고 물어보면 저는 늘 어머니라고 대답합니다. 전 어머니의 인생을 존경합니다.

물론 아버지도 훌륭하신 분이에요. 술이 좀 과하셨지만, 정말 진실되고 양심적으로 사신 분이죠. 무력 앞에서 양심을 팔지 않고 자존심을 지키며 살아 오셨잖아요. 아버지 살아계실 때 이 말씀을 해드리고 싶었는데…….

어머니, 많이 외로우시죠? 힘들 때마다 주님 생각하시고 하나님께 기도하세요. 하나님께서 새 힘을 허락하실 거예요. 저도 어머니에게 더 큰 기쁨과 보람이 되기 위해 열심히 공부하고 더 노력하겠습니다. 어머니, 사랑하고 존경합니다.

05
나의 결혼
완전 정복기

Sequence 1 저 신부는 대체 몇 살이야?

2002년 12월 14일, 나는 평소와는 달리 긴장하고 있었다. 이
제까지 섰던 무대와는 전혀 다른 무대였다. 사랑스러운 한 여인
과 함께 웨딩마치를 올리게 된 것이다. 우여곡절 끝에 하게 된
결혼. 하지만 감격스러운 나와는 달리 하객들의 반응은 어리둥
절했다.

"저 사람은 도대체 얼마나 유능하고 돈이 많기에 저렇게 어린
아가씨와 결혼을 하는 거야?"

그도 그럴 것이 내 옆에 무려 12살이나 어린 띠동갑의 신부가

서 있었기 때문이다. 나는 로마한인교회 목사님이 내게 하셨던 조언을 떠올렸다.

"너는 결혼식 때 무조건 노래를 해야 해. 그래야 도둑놈 소리를 안 듣지."

다섯 팀의 축가가 끝나고 내가 마이크를 잡았다. 우렁찬 목소리로 '공주는 잠 못 이루고Nessun dorma'라는 노래를 불렀다. 그 노래가 나오는 오페라의 내용이 공주와 결혼하는 내용이었기 때문이다. 이렇게 내가 답가를 하자 사람들이 그제야 "아, 저래서 결혼을 했구나." 하고 고개를 끄덕였다.

내 인생의 모든 과정들이 험난했지만, 그중에서도 특히 험난했던 게 지금의 가정을 이루기까지 있었던 여정이었다.

고등학교 때부터 신앙생활에 푹 빠져 지내다 보니 이성에 대해 잘 몰랐다. 군대 제대 후 처음 만났던 여자 친구와는 첫 키스를 하고, 이왕 이렇게 된 거 결혼을 해야겠다는 각오를 했을 정도였다. 그때는 결혼 전에 하는 키스가 엄청나게 큰 죄인 줄로 알고 당장 교회에 가서 눈물 콧물이 범벅이 되도록 회개기도를 했다.

"하나님, 제가 엄청난 죄를 지었습니다. 제가 결혼도 하기 전에 다른 여자의 입술을 거시기 했습니다."

그러고 나서는 결혼하기 전까지는 절대 키스를 하지 않겠다고 다짐했는데, 여자 친구는 매일 키스를 해달라고 조르니 헤어질 수밖에 없었다.

그 이후로도 항상 결혼을 전제로 교제를 했다. 나는 좋아하는 마음이 생기면 일단 하나님께서 주시는 마음이라 생각을 했고, 부모님의 반대가 있으면 하나님의 뜻이 아니라 믿고 헤어지겠다고 다짐했다. 그래서 좋아하는 사람이 생기면 바로 그 자매의 부모님께 인사를 갔는데, 학벌도 별 볼 일 없고, 가진 것도 없는 나를 반겨줄 부모님이 있겠는가? 우리 집안이 워낙 가난한 데다가 당시 교회 전도사로 사역하며 월급은 30만 원 정도였다. 성악을 준비하긴 했지만 잘되리라는 보장도 없었다. 이런 나에게 딸을 선뜻 내줄 부모는 없었다. 결국 연애 초기에 부모님의 반대로 다 헤어지게 되었다.

이탈리아에서 만났던 한 자매도 마찬가지였다. 계속되는 퇴짜로 자신감을 잃었지만 용기를 내서 한국에 있는 자매의 부모님께 허락을 받으러 갔는데, 알고 보니 그 집이 매우 부유한 집안이었던 것이다. 나는 결국 전에 없이 더 비참하게 퇴짜와 망신을 당하고 돌아왔다. 그렇게 현실의 벽을 인정하며 또 끝이 났다.

계속 퇴짜를 맞는 일이 반복되다 보니 나는 점점 자신이 없어졌다. 결혼에 대한 생각도 하지 않게 되었다. 사랑보다 형편을 먼저 생각해야 하는 현실이 너무 싫었다. 그리고 나의 환경이 너무 원망스러웠다. 집안 배경은 내가 선택할 수 있는 것이 아니지 않은가? 그리고 우리 부모님인들 나에게 이러한 환경을 물려주고 싶었겠는가? 나는 또다시 다짐했다.

'돈이야 벌면 되는 것을, 큰 집이든 작은 집이든 행복하면 된 게 아닌가? 나는 사람을 평가할 때 절대 물질로 판단하지 말아야겠다.'

그런 상처로 인해 나는 더 이상 아무도 만나지 않겠다는 극단적인 마음까지 먹었다. 만약 만난다고 할지라도 반드시 외국 사람을 만나야겠다고 생각했다.

그렇게 결혼을 포기하다시피 했던 내가 지금의 아내를 만난 것은 기적이었다. 그리고 무엇보다 장모님의 도움으로 결혼에 골인할 수 있었다는 것 자체가 내게는 상상도 못할 일이었다. 돌아보면 그저 은혜뿐이다. 내 힘으로 한 것은 하나도 없다. 그렇게 나에게도 믿기지 않는 행복이 찾아왔다.

어느 날, 내가 섬기고 있던 로마한인교회 목사님께서 한국에서 손님이 오시는데 차에 문제가 생겼으니 나더러 대신 공항에 마중을 나가달라고 하셨다. 그때 공항에 나가 한 여사님을 가이드 하게 되었다. 그분은 그날 나를 좋게 보시고 계속 나에게 질문을 하셨다.

　"몇 살이에요? 결혼은 했어요?"

　"서른셋입니다. 결혼은 아직 못했습니다."

　"아니, 왜 안 갔어요? 나이도 많이 먹었는데 좋은 처자 있으면 빨리 장가가세요."

　이렇게 말씀하시면서 계속 관심을 가지셨다.

　그날 그분을 모시고 로마 이곳저곳을 가이드 해드리고 로마한인교회로 모시고 갔다. 그리고 그분의 딸이 그곳에서 주일학교 교사로 봉사하고 있던 에스더라는 사실을 알게 되었다. 그녀는 서울예고를 마치고 바로 이탈리아로 유학 온 21세의 자매였다. 나도 그곳에서 지도교사로 봉사하고 있었기에 이 일을 계기로 우리는 서로에 대해서 조금 더 관심을 가지게 되었다. 그리고 에스더의 어머니도 우리가 더 가까워질 수 있도록 은근히 자리를 만들곤 하셨다.

처음에는 같은 주일학교 교사로 만났던 데다 나보다 열두 살이나 어렸으니 이성으로 생각해본 적이 없었다.

그러던 어느 날, 집사님 한 분이 교사들을 전부 초대한 자리에 에스더가 긴 치마를 입고 참한 모습으로 등장을 했다. 거기에서 에스더가 음식을 나르는데, 웬일인지 갑자기 그녀가 이성으로 보이기 시작했다. 그러면서 더 관심을 가지고 이야기도 많이 나누게 되었다. 에스더는 나이에 비해 생각이 깊고 대화가 잘 통했다. 나와 신앙관도 잘 맞았고, 특히 성경을 해석하는 관점도 맞았다.

그렇게 관심을 가지고 친해지던 중, 야외예배를 드리기 위해 여러 가지 레크레이션 물품을 실은 차를 둘이서 타고 가게 되었다. 그런데 앞에 가던 차가 갑자기 유턴하는 바람에 우리 차를 들이받았다. 게다가 중간에 잠깐 마트에 들렀다가 다시 타면서 에스더는 안전벨트를 하지 않은 상태였다. 에스더가 머리를 앞유리에 부딪쳐 유리가 깨질 정도로 심하게 다쳤다. 우리는 둘 다 응급차에 실려 병원에 입원했다. 야외예배 장소에서 우리를 기다리던 집사님들이 모두들 놀라서 병원으로 달려왔다. 특히 그녀가 머리를 다쳤다는 말에 한 마디씩 했다.

"에스더가 머리를 다쳤다는데, 만약에 이상이 생기면 조 선생님이 책임져야겠네."

집사님들이 농담 삼아 한 이야기였는데, 책임지라는 얘기가
은근히 기분 좋게 들렸다.

'그래, 책임지라면 책임지지, 뭐…….'

같이 병원에 입원도 하고, 퇴원해서 치료도 받으러 다니면서
우리는 더 많이 친해졌다. 그러던 중에 에스더가 나에게 성악 레
슨을 해달라고 부탁했다. 나는 흔쾌히 좋다고 했다. 그리고 계약
서를 써서 3년 동안 공짜로 레슨을 해줄 테니 3년 이후에 있을
모든 콩쿠르 상금은 7:3으로 갖자고 했다. 그랬더니 에스더는
내가 7이고, 본인이 3이었는데도 좋아하며 하자고 했다. 에스더

는 일단 공짜로 레슨을 받으니 좋았고, 콩쿠르 입상을 통해서는 이름만 알리면 된다고 생각했기 때문에 상금은 그다지 중요하지 않았다. 그렇게 해서 우리는 계약을 하고 레슨을 시작했다.

본래 나는 자기 자랑을 하거나 자기주장이 강한 스타일을 싫어한다. 처음에 에스더를 봤을 때는 그녀도 그런 성격인 줄 알았다. 하지만 알면 알수록 착하고 솔직했으며 꾸밈이 없었다. 그러면서도 명랑하고 쾌활했다. 이전에 사귀었던 여성들처럼 질투심이 있었던 것도 아니었다. 이런 여자를 만나는 것이 쉽지 않겠다는 생각이 들었다. 그래서 자연스럽게 관계를 발전시키게 되었고, '허락'이라는 관문에 이르게 되었다.

마침 지금의 장인어른이신 그녀의 아버지께서 부흥회 강사로 로마에 오시면서 기회가 생겼다. 그때 장모님도 같이 오셨는데, 장모님은 로마의 목회자들이 다 모인 자리에게 나를 적극적으로 밀어주시며 내 편이 되어 주셨다. 나는 장모님 덕분에 허락에 대한 부담을 조금 덜기는 했지만, 장인어른께도 무사히 통과될지가 걱정이었다.

그 당시 나는 로마에서 성악가로서 입지도 굳어져 가고 있었고, 콩쿠르에서도 몇 번 우승을 한 터라 조금 안심이 되기도 했지만, 그래도 여전히 가진 것은 없었다. 그러니 솔직히 장인어른이 나를 어떻게 생각하실지 많이 걱정되었다.

아니나 다를까 장인어른 입장에선 난감하셨던 모양이다. 공부하라고 유학 보낸 딸이 21세라는 어린 나이에 결혼을 한다고 하니 더욱 받아들이실 수 없었던 것이다.

나는 로마에 오신 장인어른을 집에 초대했다. 직접 요리를 해서 대접하며 함께 식사를 했다. 그러면서 계속 기회를 노렸다. 그런데 장인어른은 식사를 하시자마자 피곤하다며 바로 방으로 들어가시는 게 아닌가. 대답을 피하시는 걸 눈치 챈 나는 굴하지 않고 큰소리를 쳤다.

"제가 들어가서 큰절을 드릴까요? 아니면 나오셔서 절도 받으시고 대화를 좀 나누시죠."

그러자 장인어른은 못이기는 척 나오셨다. 나는 당당하게 포부와 비전을 밝히며 안심시켜드리기 위해 최선을 다했다.

"저에게는 성악가의 비전이 있습니다. 또한 재능도 있다고 생각합니다. 지금은 형편이 안 좋아도 앞으로는 더 나아질 것이며, 또한 계속 노력할 것입니다. 저의 꿈에 주님이 함께하시기에 분명히 행복할 수 있다고 생각합니다."

그러면서 나의 비전에 대해 계속 말씀드렸다. 그때 결정적으로 장모님이 한마디 거드셨다.

"당신도 나랑 결혼할 때 집 한 채 없었잖아요."

장인어른께서는 더 이상 말씀을 못하셨다. 게다가 장모님은

194

허락 안 하면 혼자 로마에 와서 결혼시킬 거라고 말씀하셨다. 장인어른은 평화주의자셨기에 결국 장모님의 뜻을 따라주셨다.

장인어른이 한국에 돌아가신 후 일주일 만에 허락 통보를 받았다. 원래 공항 떠나기 전에 이미 허락은 떨어졌는데, 너무 쉽게 생각하지 않도록 일부러 일주일 후에 밝히셨다고 한다. 장모님은 이왕에 결혼하는 거 해를 넘기기 전에 결혼해야 한다고 하셔서 바로 날짜를 잡았다.

이렇게 나의 행복한 결혼 생활이 시작되었다. 이전에 받은 상처와는 비교도 안 되는 큰 행복이었다. 내가 만약 그때 용기를 내서 에스더의 부모님을 설득하지 않았다면, 아마 나는 지금까지도 혼자였을 것이다. 하나님께서는 내가 상처를 입은 대로 그냥 내버려두시지 않았다. 내가 기대할 수조차 없을 때에도 하나님께서는 날 위해 가장 멋지고 아름다운 길을 예비하셨던 것이다. 어느새 두 아이의 엄마가 된 에스더는 지금도 훌륭하고 아름다운 아내로서 내 옆자리를 빛내주고 있다.

사랑하는 아내에게

2012년, 벌써 우리가 결혼한 지 10년이란 세월이 지났네요. 지난 세월 동안 우리에게 펼쳐진 꿈 같은 이야기들을 다시 한 번 생각해봅니다.

마음 둘 곳 없이 외롭디 외롭던 타지에서 당신을 만나게 된 것이 나에게는 얼마나 큰 기적인지 몰라요. 사실 나에게 행복한 가정을 꾸리는 일이 가능할까 많이 고민하곤 했어요. 어쩌면 이미 포기했던 일인지도 모르죠. 그때 그저 음악적인 성공을 하게 되는 것만으로도 감사하리라 생각했는데, 이렇게 사랑스런 아내와 자녀까지 내 인생에 선물로 다가오다니……. 하나님께 그저 감사드릴 뿐이에요.

당신이 있어서 행복할 수 있었던 10년의 세월이었습니다. 나 홀로였다면, 이겨내기 힘든 일들도 많았어요. 그러면서 미안한 마음도 가득합니다. 우리에겐 다사다난한 시간들이 많았잖아요. 나의 모자람으로 인해 당신을 고생시켜서 얼마나 미안한지 몰라요. 특히 그대가 아팠을 때 얼마나 가슴이 찢어졌는지 몰라요. 하지만 그때마다 함께해주고 힘이 되어주어서 더욱 고맙고 사랑합니다.

아내지만 동역자이기도 한 그대. 앞으로도 우리가 나아갈 길이 멀지만, 전 걱정하지 않아요. 이미 그대가 나에게 희망이 되어서 다가와 주었으니까요. 앞으로도 그저 희망으로 내 곁에 있어줄 거라 믿어요.

하나님이 함께하시고, 그대가 있고, 아이들이 있고, 음악이 있고……. 이보다 행복할 수 있을까요? 그동안 내 곁에서 힘이 되어주고 위로가 되어주었듯이, 이제는 내가 더 큰 에너지를 당신에게 전해줄 수 있었으면 좋겠어요. 그래서 다시 10년 후 과거를 돌아볼 때, 더욱 떳떳한 남편이 되어 있었으면 좋겠네요.

그동안 사랑했듯, 앞으로도 더 많이 사랑하겠습니다.

06
정들었던
이탈리아어, Ciao안녕!

이탈리아에서 공연을 많이 하면서 돈을 꽤 많이 벌었지만 나의 도전을 멈출 수 없었다. 안주하기보다는 좀 더 세계적인 무대에 진출해야겠다고 생각했다. 그래서 생각한 것이 독일이었다. 그리고 당시 이탈리아 성악계에는 악법惡法이 하나 있었다. 동양인을 세우면 극장 측에서 벌금을 물어야 하는 제도였다. 자국민을 보호한다는 취지 아래 그런 법을 시행했던 것이다. 하필 내가 독일로 넘어가는 시점에 그 법이 없어졌긴 했지만, 어쨌든 결혼을 하고 나와 에스더는 정들었던 이탈리아를 떠나 독일로 향했다.

웬만한 짐은 이탈리아 친구 집에 임시로 두고 당장 필요한 짐을 싸서 차에 싣고 독일로 넘어갔다. 그런데 오스트리아, 스위스 쪽으로 넘어가니 이탈리아에서는 한 번도 본 적 없는 눈이 너무나 많이 내려 있었다.

급기야 알프스 산맥을 넘는 도중 차에 펑크가 났다. 수리를 하려고 밖에 나가보니 정말 너무 추웠다. 하는 수 없이 펑크 난 타이어를 그냥 둔 상태로 고속도로 진입로까지 가야 했다. 그곳에서 타이어를 갈아 끼우고 뮌헨München에 간신히 도착을 했다. 밤이 늦어서 아내와 나는 일단 호텔에서 잤다.

다음날 아침, 이동하기 위해 차에 타서 시동을 거는데 시동이 걸리지 않았다. 이탈리아는 따뜻한 나라라서 겨울에 한 번도 부동액을 넣어본 적이 없었는데, 독일은 눈이 한번 오면 30cm씩 오기도 하는 엄청나게 추운 곳이기에 차가 얼어버린 것이었다. 연료가 꽁꽁 얼어버려서 차를 수리하는 사람도 부르고, 별 수단과 방법을 다 동원해 보았지만 시동은 걸리지 않았다.

우리는 차를 버리고 짐을 전부 손에 든 채 기차를 타고 독일의 라이프치히Leipzig로 이동할 수밖에 없었다. 이런 우여곡절을 겪으며 아내와 나는 독일에서의 첫 스타트를 끊게 되었다.

독일 정착기는 말 그대로 맨땅에 헤딩이었다. 또다시 새로운 나라에서 적응을 해나간다는 것은 결코 쉬운 일이 아니었다. 무

엇보다 언어가 완전히 달랐기에 다시 처음부터 유학생활을 시작
하는 것 같았다. 그리고 당시 아내는 이탈리아에서 학교를 그만
두고 왔기 때문에 독일에 있는 음대를 다시 들어가야 했다. 어학
코스만 밟게 되면 2년밖에 있을 수 없었기 때문이다. 그래서 레
슨을 꾸준히 시켰고, 바이마르 국립음대Hochschule für Musik
Franz Liszt Weimar에 들어갈 수 있게 되었다.

　동시에 우리는 생활비를 위해 유학원 기능을 하는 인터넷 카
페를 열었다. 유학 관련 업무를 인터넷 상으로 연락받아 처리해
주고 수고비를 받는 일이었다. 처음 유학 오는 사람에게 필요한
서류를 만들어주고, 비자 발급을 도와주고, 휴대폰을 연결해주
는 등 여러 업무를 대행해 주었다. 당시 나는 오디션을 보러 다
니느라 꾸준히 언어공부를 못했고, 아내는 꾸준히 공부를 해서
능숙했기에 유학원 일에 큰 역할을 했다.

　사실 이사를 하는 동안 쓰라린 아픔이 하나 숨겨져 있다. 이사
하는 과정에서 아내가 너무 무리를 했는지, 유산을 하고 만 것이
다. 그때 아내는 잠시 이탈리아에 있었는데, 처음에는 임신을 한
줄도 몰랐다. 몸에 갑작스런 이상 증상이 와서 가보니, 아기가
배 안에서 유산이 되었단다. 만일 소파수술이 조금만 늦었어도
아내는 죽을 뻔했다고 한다. 그렇게 큰일을 겪었는데 나는 아내
와 함께해주지 못했다. 극장 오디션을 다니느라 연락을 받고 나

서도 못 간 것이다. 사실 시간적인 여유가 없어서라기보다는, 비행기 표값을 감당하기 힘들었다.

나중에 아내가 독일에 다시 왔을 때, 다행히 다시 아이를 갖게 되었고, 나는 모든 살림을 도맡아 했다. 한 번의 유산 경험이 있으면 그 다음에도 위험하기 때문이다. 그래서 설거지, 밥, 청소, 장보기 등, 바쁜 일정 속에서도 내가 집안 살림을 꾸려갈 수밖에 없었다.

♪ Sequence 2 사람 사는 곳은 다 똑같다

우리는 처음엔 결혼식 축의금으로 생활을 했고 나중에는 유학원 일로 생활비를 벌어나갔지만, 점점 돈이 떨어지자 어떻게든 극장 일을 해야겠는 생각이 들었다. 그런데 한 가지 걸리는 것이 있었다. 바로 언어였다. 극장 일을 하기 위해서는 언어실력이 뛰어나야 했다. 성악가는 노래만 하는 것이 아니라 오페라를 했기 때문에 대사 전달력이 중요했던 것이다. 하지만 그때 나는 이 일 저 일로 정신없이 바빠 철저히 준비를 하지 못했다. 급한 마음에 일부터 잡고 싶었다. 게다가 이탈리아에서 이미 실력을 인정받았으니 극장에서 일하는 것이 충분히 가능하리라 믿었다. 그런데 한번은 극장 연출자가 한 발짝 뒤로 가서 노래를 해보라고 지시를 했다. 내가 알아듣지 못하자 관계자들은 "노래를 잘 하지만 언어가 안 되니 의사소통이 어렵다며 언어 공부를 더 하고 오라."라고 말하며 나를 되돌려 보냈다.

그때 '아차' 싶었다. 아무리 힘들어도 나는 성악가였고, 내가 서야 하는 무대는 오페라 무대였다. 그런데 막상 해야 할 일에 최선을 다하지 못했다는 생각이 들었다. 언어 말고도 적응해야 할 것들이 너무 많아 버겁기는 했지만, 다시 한 번 나의 꿈을 돌아보며 마음을 가다듬을 수 있었다.

언어 공부를 하며 기회를 찾던 중, 당시 레겐스부르크 Regensburg 극장에서 베르디의 〈오델로Othello〉 오페라의 테너를 찾고 있다는 소식을 들었다. 많은 테너들이 오디션을 봤지만 극장에서는 작품과 꼭 맞는 오델로 테너를 구하기 쉽지 않았다. 그도 그럴 것이 이 오페라는 일반 테너가 아닌 '테노레 드라마티코tenore drammatico', 즉 드라마틱 테너가 필요했기 때문이다.

드라마틱 테너는 풍부한 성량과 풍요로운 음색, 선명한 감정 표현이 특징으로, 드라마틱한 가창을 들려주는 테너다. 오델로 역은 소리도 드라마틱해야 했지만, 고음도 받쳐주어야 했고, 극에서 큰 비중을 차지해 쉴 틈 없이 노래와 연기를 해야 했기에 체력 또한 중요했다. 그래서 그에 꼭 맞는 테너를 찾는 일이 더

더욱 쉽지 않았던 것이다.

테너 입장에서도 쉽지 않은 것은 마찬가지였다. 수많은 테너들이 이 역할을 시도하다가 목소리를 잃은 경우가 비일비재했기에 오델로를 노래하는 것이 평생의 꿈이라고 고백했던 대가수도 있을 정도였다.

바로 그 오디션을 나도 본 것이다. 오디션이 끝나고 극장 측에서 내게 오델로를 노래할 수 있겠냐는 연락이 왔다. 바로 계약을 하고 나는 오델로로 무대에 섰다. 20회의 공연을 하게 되었는데, 그때 내 나이가 30대 중반이었다. 주변 사람들은 내가 아직 오델로 역을 하기에는 젊어서 소리가 망가질 수도 있다며 걱정을 많이 했다. 하지만 나는 오델로 역이 내가 했던 오페라 역할 중 가장 편하게 느껴졌고, 내 성격에도 꼭 맞는 느낌이 들었다. 오델로는 용맹스러운 장군이었기 때문에 카리스마와 풍부한 감정 표현이 필요했다. 나는 큰 무리 없이 공연을 마무리할 수 있었다.

그리고 그 시기에 딸 수아도 태어났다. 기쁜 일들이 연달아 일어난 것이다. 특히 수아는 유산의 아픔 끝에 태어난 소중한 첫 아이였다.

극장에서 일을 하며 비자 문제도 해결되었다. 그리고 그 비자로 이탈리아에서도 일을 할 수 있는 자격이 주어졌다.

겪어보니 사람 사는 곳은 다 똑같았다. 어디를 가나 해결 안 되는 일은 많았다. 하지만 그렇게 상황에 얽매이다 보면 끝이 없다. 상황을 생각하기보다는 지금 이 자리에서 내가 최선을 다해야 할 일을 떠올리며 상황을 주도해야 한다.

내 삶은 하나님이 내게 주신 소중한 선물이다. 환경을 위해 희생하며 주저앉으라고 주신 것이 아니라, 제대로 즐기고 누리면서 살라고 주신 것이다. 당장은 상황과 여건이 안 되는 것 같지만, 하나님께서 분명 길을 내신다. 주저하지 않고 나가면 그 길을 발견할 수 있다. 찾는 자에게는 반드시 길이 있다.

이탈리아에서도 그랬고 독일에서도 그랬다. 일단 가보면, 그곳에서 해결할 수 있는 방법, 지낼 수 있는 방법, 꿈을 이룰 방법이 다 있다. 안 가기 때문에 길을 못 찾는 것이다.

♪

Sequence 3 · 낯선, 너무나 낯선 독일

독일에서 만난 사람들은 이탈리아에서 만난 사람들과 전혀 달랐다. 한 마디로 과묵했다. 예를 들어 이탈리아 사람들은 기차를 타고 여행을 할 때도 서로 이야기를 하면서 시끌벅적했는데, 반면 독일 사람들은 다들 앞만 보고 차렷 자세로 갔다. 우리가 떠들면 전체가 뒤를 돌아볼 정도였다.

그리고 기차를 비롯해 차가 오는 시간이 칼같이 정확해서 놀랐다. 이탈리아에는 시간표가 있어도 아무 때나 차가 오는데, 독일은 정확하게 그 시간에 맞춰서 왔다. 늦지도 빠르지도 않았다. 그런 철저한 모습을 보면서 독일의 저력을 느낄 수 있었다. 한인교회에서 만난 사람들도 과묵하기는 마찬가지였다. 내 딴에는 합창 얘기도 하면서 재미있게 얘기하고 있다고 생각했는데, 돌아보면 나 혼자 떠들고 있었다.

사람들 분위기만큼이나 날씨도 그랬다. 흐리고 비도 자주 왔다. 추웠지만 다행히 난방이나 방한 시설은 잘 되어 있었다. 그러나 어찌 되었든 춥고 흐린 날씨 때문에 우울한 분위기의 연속이었다. 일어나면 왠지 모를 공허함이 밀려오기도 했다. 그리고 이탈리아에서는 한 번도 생각해보지 않았는데 독일에 온 후로는 실존의 문제에 대해 많이 생각하게 되었다.

'나는 어디에서 왔고, 왜 살고 있는가? 나는 여기를 왜 왔으며, 앞으로 무엇을 위해 가야 하는가?'

우울한 분위기 가운데에서 자꾸 스스로에게 철학적인 질문을 던지는 낯선 나를 발견했다. 그래서 독일에 철학과 신학이 발달했나 보다 하는 생각을 했다.

날씨는 음악에도 영향을 미치는 것 같았다. 독일의 음악은 이탈리아의 음악과 분위기가 사뭇 달랐다. 이탈리아의 날씨는 주로 화창해서 사람들도 긍정적이었고 심각하지 않았다. 그래서 가볍고 즐겁고 경쾌한 음악들이 많았다. 반면에 독일에는 심각하고 왠지 철학적인, 화성도 어려운 음악이 많았다. 실제로 이탈리아의 대표적인 오페라 작곡가인 베르디Giuseppe Fortunino Francesco Verdi와 독일의 작곡가 바그너Wilhelm Richard Wagner의 음악을 비교해서 들어보면 이 사실이 더 와 닿을 것이다. 감정적으로도 다혈질인 이탈리아 사람에 비해 독일 사람은 대단히 절제되어 있다. 마음속에 있는 생각들을 잘 꺼내놓지 않는 모습이 특징적이었다.

이런 분위기만이 아니라, 발성에도 차이가 있었다. 독일에 있는 교회에서 특송을 한 적이 있었는데, 사람들이 소리가 어쩜 이렇게 크냐며 다들 놀랐다. 나는 주로 발성에 의해 소리를 냈는데, 독일에서는 발성을 평가하는 것 자체가 달랐다. 전반적으로 '예쁘게 소리를 내는 것'에 주안점을 두는 것 같았다. 그러다 보니 나의 발성을 보고 '헬덴테너Heldentenor', 즉 영웅 테너라고 이야기했다. 보통 영웅 테너는 힘과 박력이 넘치는 소리로 관객을 압도하는 테너를 이야기하는데, 이 역할은 바그너의 작품 〈니벨룽의 반지Der Ring des Nibelungen〉의 지크프리트Siegfried와 같이 신화 이야기의 남자 영웅 주인공이 주로 하는 역이다. 독일에 있으면서 살아 있는 바그너 명가수로 불리는 지크프리트 예루살렘Siegfried Jerusalem을 만날 기회가 있었는데, 그는 내 목소리를 들어보더니 바그너에 매우 적합한 귀한 소리라며 기뻐했다.

그렇게 새로운 문화에서 새로운 언어를 배우고, 새로운 사람들을 만나며 독일에 자리를 잡아갔다. 무엇보다 몸으로 부딪쳐가며 차근차근 세워나갔다.

새로운 삶은 나를 겸손하게 만들었다. 처음부터 다시 시작해

야 했기 때문이다. 이전의 공간에서 제 아무리 성공을 이루었어도 새 둥지에 오면 다시 시작해야 한다. 내가 이제껏 누린 성공을 알아달라고 해봤자 소용이 없고, 다른 곳에서 익힌 문화를 고집할 수도 없다.

어쩌면 나는 이탈리아에서 계속 음악적으로 성공했기 때문에 성악가로서 자칫 교만해질 수도 있었다. 하지만 험난한 독일 정착기는 이런 위험을 막아주었다. 언어도 다시 배워가면서, 문화도 다시 익혀가면서, 극장 오디션의 여러 해프닝을 경험해가면서, 나는 그렇게 초심으로 돌아갈 수 있었다. 처음 서울에 상경하면서 가졌던 초심, 권투를 시작하면서 가졌던 초심, 교회 사역을 시작하면서 가졌던 초심, 이탈리아에 발을 처음 내딛으면서 가졌던 초심, 그리고 본격적인 성악가의 길에서 가졌던 초심, 이 모든 초심을 소중히 안은 채 다시 시작할 수 있었다.

이탈리아 오페라와 독일 오페라의 차이

〈이탈리아의 오페라〉

● 초기 오페라에서는 마지막 부분에 재미있는 내용의 짧은 연극을 삽입했다intermezzo. 이것은 후에 독립된 형식으로 '오페라부파 opera buffa', 즉 희극적 오페라가 되었다.

● 정통적인 비극적 오페라를 '오페라 세리아opera seria' 라고 한다.

● 뛰어난 가창을 보여주는 벨 칸토bel canto라는 발성법이 발달하였다.

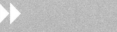

〈독일의 오페라〉

● 처음에 이탈리아 오페라의 형식을 따랐으나 베버Carl Maria von Weber 이후 낭만적 오페라가 전통적 형식이 되었다.

● 민속적인 오페라로는 징슈필Singspiel이 있다.

● 바그너는 독일 낭만주의 오페라를 절정에 이르게 했다. 바그너가 만든 '악극Music Drama'이라는 형식에는 연극적인 요소와 음악적인 요소가 함께 나타난다.

– 편집부

제 **3** 막

March of Opera
for Hope

희망의
행진곡

그때마다 생각했다. 부족했던 나를 들어 쓰시는 하나님의 역사가 많은 이에게 감동

이 될 수 있다는 것을. 그리고 인간의 연약함과 부족함은 오히려 하나님을 높이는

도구가 되고, 더 큰 희망과 감동을 줄 수 있다는 것을. 나의 모자람이 간증이 되어

귀하게 나누어지는 것을 보면서 가장 큰 감격에 빠진 사람은 나 자신이었다. 그리

고 이 희망과 감동을 꾸준히 나누고 싶다는 마음을 갖게 되었다.

01
다시 만난
이탈리아

Sequence 1 베네치아Venezia, 그리고 다섯 가지 목표

2006년, 아내의 출산과 산후조리를 돕기 위해 가거도에 계신 어머니가 독일에 오셨다. 원래는 장모님이 오시려 했는데, 교회를 오래 비울 수 없어 어머니가 오신 것이다. 어머니는 난생 처음 타는 비행기와 처음 경험한 외국의 모습에도 전혀 기죽지 않으셨다. 독일 공항에서도 외국 사람들에게 당당히 한국 말로, 그것도 가거도 사투리로 모든 의사표현을 하실 정도였다. 예상 외로 적응을 잘하시는 어머니 덕분에 우리 가족은 무사히 수아를 돌볼 수 있었고, 집안일도 점점 안정되어갔다.

하지만 시간이 갈수록 어머니는 한국을 그리워하셨다. 밖에 나가면 전부 독일 사람뿐이었기에 말동무를 할 사람도 식구 외에는 없어 외로워하셨다. 이렇게 오랫동안 가거도를 떠난 적이 없으셨기에 떠나온 집 생각이 많이 나시는 모양이었다. 안 되겠다 싶어 아내와 함께 어머니를 기분전환 시켜드리기로 했다. 어디로 가는 게 좋을지 고민하는데, 아내가 이렇게 말했다.

"여보, 이탈리아 베네치아가 어때요? 이탈리아에 있을 때 한번 가봤는데, 해산물 먹거리도 많고, 구경거리도 많아요. 마치 소설 속에 나오는 곳처럼 예쁘고요. 그리고 무엇보다 섬이라서 어머니가 좋아하실 것 같아요."

베네치아는 『베니스의 상인』의 무대이기도 하고, '카사노바'의 도시로도 유명하다. 벌써 바다 냄새가 코끝에 몰려오는 것 같았다. 독일은 삼면이 바다인 대한민국과는 반대로, 삼면이 육지이고 북쪽에 바다가 있을 뿐이었다. 게다가 우리가 있던 곳은 독일 내륙지방이어서 싱싱한 생선을 먹어본 지도 기억나지 않을 정도였다. 우리는 베네치아로 마음을 굳혔다.

"좋아! 어머니! 우리 같이 이탈리아 베네치아로 여행 갑시다!"

어머니도 '베넷치 베넷치' 하시면서 은근히 기대하시는 눈치셨다. 그렇게 어린 수아를 데리고 우리 가족은 베네치아로 출발했다.

베네치아는 옛날에 섬에 살던 사람들이 460개의 조각난 섬들을 다리로 이어서 만든 곳이라 차량 진입이 금지되어 있었다. 검색을 해보니 베네치아 본 섬 옆에 방파제 모양으로 긴 섬이 있었으니 '리도Lido di Venezia'라는 섬이었다. 보통 베니스 영화제가 열리는 곳이 이 리도 섬이다. 리도는 다행히 차량이 진입할 수 있게 도로가 잘되어 있다. 우리는 차에 유모차를 비롯해 온갖 짐을 싣고, 차를 운송할 수 있는 페리 호 선박을 타고 섬으로 들어갔다.

숙소를 정한 뒤, 베네치아의 중심부인 산마르코San Marco 광장으로 가는 수상버스에 몸을 실었다. 바다를 가르는 배에 올라타니 이탈리아의 뜨거운 태양과 바다의 파도가 은빛물결을 치며 배 앞에 부서지는데, 쿵쿵 뛰는 가슴을 주체할 수 없었다. 그동안 춥고 습한 독일생활에 많이 힘들었던 터라 이탈리아의 태양을 온몸으로 받으니 다시 살아나는 느낌이었다.

수산시장에 가서 광어와 횟감을 사가지고 호텔로 들어가서 회를 떠서 먹는데, 정말 눈물이 날 정도로 좋았다.

마음 속 깊은 곳에서 '아…… 다시 이탈리아로 돌아가고 싶다.'라고 늘 생각하고 있었는데 베네치아 여행이 그 도화선이 되었다.

다음 해에 베네치아 근처 트레비조Treviso에서 열리는 '토티 달 몬테Toti Dal Monte'라는 콩쿨에 참가하여 1등을 하면서, 나는 다시 본격적으로 이탈리아의 극장에서 활동을 시작하게 되었다. 토티 달 몬테 콩쿠르는 오페라 국제 콩쿠르인데 1등을 하게 되면 오페라의 주역과 함께 이탈리아 극장과 오페라 페스티벌에서 활동을 하게 된다.

내가 우승을 했던 해의 오페라는 〈토스카Tosca〉였고, 나는 오페라의 주인공 카바라도시 역으로 이탈리아 극장에서 활동을 시작했다.

로마에서 7년, 독일에서 5년, 그리고 베네치아에서의 또 다른 시작. 이전까지는 좌충우돌 유학생으로서 살아왔다면, 이제는 많은 경험이 무르익어 조금은 더 넓게 볼 수 있는 시야가 생겼다. 여전히 부족하긴 했지만, 그래도 한국을 떠나기 전에는 상상하지도 못했던 일들을 겪으면서 이전에 비해 어느 정도 성장했음을 느꼈다. 무엇보다 이제 나는 한 가정의 가장이자 아버지가 아닌가. 그래서일까? 이탈리아에 다시 돌아오고 난 후부터 나는 나 자신보다 남을 더 바라볼 수 있게 되었다.

아내와 결혼을 하면서 어려운 형편 중에서도 다른 사람을 돕는 가정이 되자며 다섯 가지 목표를 세웠다. 나는 이것을 항상 명심했다.

첫 번째 목표는 선교사님들을 후원하는 것이다. 힘들게 사역하시는 분들을 돕고 싶었기 때문이다.

두 번째는 제자를 키우는 것이다. 이는 단순히 성악가로서 제자를 키우는 게 아니라, 음악을 통해 하나님의 일을 감당하는 사명자를 세우고 싶다는 생각이 있었다.

세 번째는 문화사역을 하는 것이다. 이를테면 합창단 등을 만들어서 문화를 통해 사역하는 길이 열리기를 소망했다.

네 번째는 사업이다. 사업을 생각한 이유는 나처럼 어려운 환경 속에서 음악을 공부하기 위해 발버둥치는 후배들 때문이었다. 내가 그들을 어떻게 도울 수 있을까 생각하며 찾은 답이 사업이었고, 그 소원을 품고 기도했던 것이다.

마지막으로는 가정을 지키는 것이다. 나는 가정을 지키는 것을 중요한 사명으로 생각한다. 특히 오페라 가수들은 이러한 영역에서 유혹이 많아서 한순간에 무너지는 경우가 많다. 그런 것을 많이 보아왔기에 가족을 지키는 것이 내가 해야 할 첫 번째 일이라고 생각했다.

가정은 모든 사역의 기본이며, 사역하는 힘의 원천이자 하나의 작은 교회나 다름없다. 그리고 가정에서 자녀들에게 신앙과 신념을 전수하고 계승하는 일 또한 매우 중요하기에 가정을 지킬 수 있도록 꾸준히 기도했다.

감사하게도 하나님은 우리의 기도제목들을 하나하나 그분의 방법대로 이루어가셨다.

첫 번째 목표는 독일로 옮긴 후부터 바로 실행할 수 있었다. 우리는 우리의 기도제목대로 두 교회 목사님을 후원할 수 있었다. 그 당시 결혼을 하고 독일 정착을 위해 이리저리 고생하느라 형편이 여의치 않았지만, 그럼에도 하나님은 후원할 수 있는 마음과 기회와 물질을 허락하셨다.

그리고 제자를 양성하는 것과 문화사역은 한국에 와서 본격적으로 이루어가게 하셨으며, 마지막 기도제목은 지금까지도 사랑하는 아내와 자녀와 더불어 행복한 가정을 지켜나가게 하시며 이루고 계신다.

Sequence 2 성악가가 사업의 꿈을?

다섯 가지 목표 중 특별히 베네치아에서 꿈꿨던 것은 사업이었다. 물론 나는 사업 수단도 없고 원래부터 사업에 비전이 있었던 것도 아니다. 그럼에도 사업을 생각하고 소원했던 이유는 위에도 짧게 이야기했듯이 성악을 공부하는 후배들 때문이었다.

다들 알다시피 음악을 공부하는 데는 정말 많은 돈이 든다. 성악가가 되기 위해서도 마찬가지였다. 과정마다 경제적인 부담을 안고 가야 했다. 학교에 들어가려면 많은 레슨비를 마련해야 했고, 학교에 들어가면 만만치 않은 콩쿠르 비용을 마련해야 했다. 학교를 졸업해도 끝이 아니었다. 극장과 무대 오디션을 위해 더 수준 높은 레슨을 받아야 하는데, 유명한 지휘자의 레슨을 한 번 받으려면 상상 이상의 돈을 내야 했다. 막상 극장에 들어가도 공연이 꾸준하게 있는 것이 아니다. 그래서 벌 때는 많이 벌어도, 정작 공연이 없을 때는 힘들다. 그러니 여기에 집세나 생활비까지 포함하면 가히 상상을 초월하는 비용이 들어간다. 필요한 돈을 마련하기 위해 매달 전전긍긍해야 한다.

이런 현실 때문에 얼마나 많은 사람이 중도에 포기하는지 모른다. 나는 이곳에서 실력이 있음에도 불구하고 경제적인 어려움 때문에 한국으로 다시 돌아가는 친구들을 정말 많이 봤다.

그런 점은 나도 마찬가지였다. 본래 어려서부터 가난을 경험하긴 했지만, 이국땅에서 부딪힌 경제적인 난관은 또 다른 차원의 시련이었다. 공부도 마치고 어느 정도 자리를 잡은 것 같았지만, 경제적 압박은 여전했다. 나름대로 열심히 벌어갔지만 계속 빚을 져야만 했다.

다른 나라들은 예술가에 대한 후원이 많다. 하지만 우리나라는 개인이 다 부담해야 한다. 스포츠는 금메달을 따면 지원이 있는데, 예술 분야로 국위선양한 사람들에게는 그런 것이 없다.

개인적으로 바라는 점은, 유네스코에 속해 있는 세계적인 국제 콩쿠르 우승자에게 연금제도를 적용해서 예술인에게도 연금 지원이 이루어졌으면 한다. 유럽에서는 스포츠에서 금메달 하나 따는 것보다 세계적 콩쿠르에서 1등 하는 것을 국위선양 차원에서 더 인정해준다. 우리나라에서 가난한 사람이 성악 분야에서 정상에 올라간다는 것은 사실상 거의 기적과 같은 일이다. 나 역시 하나님의 도우심이 없었다면 이 자리에 있을 수 없었을 것이다.

그래서 나는 사업을 통해 음악을 하는 후배들을 돕고 싶었다. 후배들이 나와 같은 현실 속에서 고통 받지 않기를 바랐다. 탁월한 재능이 있는 사람이 돈 때문에 중간에 포기하는 것을 더 이상 볼 수만은 없었다. 그리고 성악과 오페라는 돈 많은 사람들만 할 수 있는 것이 아님을 보여주고 싶었다.

이런 마음으로 성악을 하면서 동시에 사업에 비전을 갖게 된 것이다. 그리고 얼마 후, 기회가 찾아왔다.

♪
Sequence 3 파바로티 민박의 성공

베네치아에서 활동하면서 민박에 머무른 적이 있었다. 공연하러 다니면서 집을 구하지 못해서 처음으로 민박 생활을 해보게 된 것이다. 민박 생활을 하면서 자연스럽게 그곳에 놀러온 한국인들을 만났다. 그 사람들에게 요리도 해주고 노래도 불러주니 생각보다 다들 반응이 좋았다. 나는 이거다 싶었다. 그때부터 사업에 대한 아이디어를 구상하기 시작했다.

'방 5개짜리 집을 얻어서, 두 개는 우리 가족이 쓰고 나머지 세 개는 민박으로 사용하면 수입이 되지 않을까? 그러면 공연이

없을 때에도 수입을 얻을 수 있지 않겠는가.'

어차피 집을 구해야 하는 시점이었으니, 구하는 김에 민박을 할 수 있는 집을 구해야겠다고 마음먹었다.

하지만 내 수중에 돈이 있는 것도 아니고, 특히 베네치아는 방세가 워낙 비싸서 한 달 집세가 한국 돈으로 350만 원 정도 된다. 보증금 마련도 힘들지만 매달 집세를 내기도 만만치 않아 보였다. 또한 근처에 호텔이 있다 보니 위험도 있었다. 결심은 했지만 계속 갈등이 되었다.

'오히려 쫄딱 망하는 것 아냐? 손님이 한 명도 안 와서 계속 이 비싼 임대료만 내야 하는 거 아냐?'

그래도 마음을 굳히고 민박을 위해 조금 넓은 집을 구했다. 크지만 오래되어 시설비가 문제었다. 침대를 비롯하여, 밥통, 이불 등 손님을 모시기 위해 필요한 것들을 사야 하는데 막상 집을 구하고 나니 부수적인 비용을 준비하지 못했다.

게다가 그 집은 너무 오랫동안 사람이 살지 않아서 하나부터 열까지 손을 봐야 했다. 도배부터 다 뜯어내야 했고, 화장실 공사도 필요했다. 기본 공사를 마치고 돈을 조금씩 모아가면서 침대부터 네 개 들여놓았다. 부엌에는 누가 버린 테이블을 가져다 놓고 깨끗하게 닦아 예쁜 테이블보를 구해서 덮었다.

다행히 예전에 민박 생활했던 곳의 주인이었던 분이 많이 도와주었다. 그분은 내가 그곳에서 민박 생활을 하는 동안, 손님들과 놀아주고 픽업을 도와준 것들에 대해 고맙게 생각하고 있었다. 그래서 초기 작업을 할 때부터 오픈을 하고 나서도 계속 도움을 주었고, 자신의 민박 손님이 초과하면 우리 집으로 보내주기도 했다.

그럼에도 초기에 자리를 잡기까지는 꽤 많은 노력과 고생을 해야 했다. 손님들 몰래 공사를 감행했던 기억도 있다. 손님이 아침을 먹고 관광을 떠나면 들어오기 전까지 오픈 안 한 방들을 공사했다. 페인트칠이나 전기 관련 공사들을 급하게 진행하다가 손님이 다시 돌아올 즈음 되면 공사 흔적을 재빨리 없앴다. 그러다 보니 처음 몇 개월은 수익이 남을 리 없었다. 돈이 생겨도 추가 공사를 하고 침대, 식기, 기타 자재들을 사고 나면 번 돈도 다 쓰게 되었다.

3개월 정도 지나니 자리가 잡히기 시작했다. 위치도 민박집 중에서 역과 가장 가까웠고, 직접 닭갈비 같은 요리를 해주기도 했다. 그리고 저녁 시간에는 노래도 부르면서 손님들과 함께 시간을 보내다 보니 점점 입소문이 난 것이다. 매일 20~30명가량의 손님이 오기 시작했는데, 어떤 경우는 한 방에 8명씩 숙박을 한 적도 있다. 특히 여름에는 손님이 더 많아져서 내가 잘 곳이 없을 정도였다. 최고 기록으로 하루에 60명을 수용하기도 했다.

점점 숙박 인원이 늘어나자 나 혼자서 감당할 수 없었다. 그래서 나를 도와줄 조선족 여성을 따로 고용하여 식당일 등을 맡기기도 했다.

그러니 돈이 점점 모이기 시작했다. 하루당 30유로였으니까 30명이 오면 하루에 900유로가 된다. 10일이면 9,000유로다. 한 달이면 거의 30,000유로가 된다. 우리 돈으로 따지면 4,500만 원이 한 달 수입으로 들어오는 것이다. 자재비나 식비를 빼다고 쳐도 순이익금이 3,500만 원 정도 되었다.

돈이 모이는 것을 보니 사업에 매력을 느끼기 시작했다. 당시

이름을 파바로티Pavarotti 민박이라고 지었는데 이 이름도 입소
문을 내는 데 한몫했다. 내 외모가 파바로티처럼 수염도 많고,
오는 손님들에게 노래까지 해주었기 때문에 붙여진 이름이었다.

여행객들 사이에서 파바로티 민박에 대한 입소문이 점점 더
퍼지기 시작했다. 그들이 재미를 느꼈던 이유는 내가 여느 민박
집과는 다르게 '이벤트'를 적극 활용했기 때문이었다.

우선 민박집에서 손님들에게 간단한 합창 연습을 시켰다. 그
리고 근처인 산타루치아Santa Lucia 역에서 내가 선창을 하면 사
람들이 후창을 하며 배운 곡을 같이 부르는 것이다. 자연 경관을
바라보면서 함께 합창을 한다고 생각해보라. 그 얼마나 멋진 추
억인가. 손님들은 이제껏 한 번도 경험해보지 못한 추억을 만들
면서 여행의 즐거움을 만끽할 수 있었다. 산마르코 광장에서 노
래를 할 때면 수천 명이 몰리기도 했다. 모자를 벗으면 돈이 쏟
아졌다. 그 돈으로 함께 맛있는 식사를 하기도 했다.

저녁에 민박집에 들어오면, 나는 본격적으로 나만의 입담을
이용하여 추억 만들기 이벤트를 진행한다. 이때도 역시 나의 역
할이 중요하다. 낮 동안 함께 여행을 했지만 그래도 손님들 사이
에 서로 서먹서먹한 기운이 돌고, 낯을 가리기도 한다. 그러면
나는 중간중간 노래를 섞어가며 마치 작은 오페라를 연출하듯이

이벤트를 진행해 나간다. 그러면 어느새 서로 마음을 열기 시작한다. 이때 자기소개를 시키는 것이다. 그래야지만 늘 똑같고 식상한 자기소개가 아닌 자신만의 재치가 묻어나는 확실한 소개를 하게 된다.

그리고 나서는 파바로티 이벤트의 마지막 순서이자 우리 민박의 하이라이트, 바로 사랑의 작대기다. 간혹 여행하면서 로맨틱한 만남과 사랑을 꿈꾸는 청년들이 있다. 베네치아 바다는 조명과 건물이 아름답게 조화가 이루어져서 로맨틱한 분위기를 연출하기에 충분했다. 그래서 나는 사랑의 작대기를 연결하여 또 하나의 추억을 만들도록 해주었다.

이렇게 다양한 이벤트가 진행이 되니 손님들은 당연히 여행을 마친 뒤 자신의 인터넷 카페나 블로그에 사진과 이러한 내용들을 올려놓았고, 파바로티 민박집은 저절로 소문이 나기 시작한 것이다. 보통은 잠만 잠깐 자고 가는 곳이 민박집이라고 생각하는데 이렇게 다양한 재밋거리와 낭만적인 추억까지 만들어주니 얼마나 놀랐겠는가? 그야말로 유럽에서 민박계의 혜성이 등장한 것이다.

우리 민박집이 흥행하자 로마 지역 숙박업체들도 열광했다. 이탈리아 관광에는 코스가 거의 정해져 있는데, 베네치아에서 피렌체Firenze로, 그리고 로마로 이어진다. 그러니 베네치아 손님이 많이 찾아오면 로마에까지 그 영향이 미친다. 로마 민박업체들은 서로 자기 집으로 보내달라고 난리였다.

막상 그런 상황이 되니 더 욕심이 나기 시작했다. 우리 손님을 남의 집으로 보내줘야 하니 아까운 것이다.

'만약 로마에 내 민박집을 만들어놓으면 배로 수입을 벌 수 있지 않을까?'

이런 생각에 로마에 미니 호텔을 렌트해서 운영해볼 결심을 하고 곧 실행에 옮겼다. 파바로티 민박이 로마에 지점을 내게 된 것이다. 예상대로 좋은 결과를 얻었다. 뿐만 아니라, 한 곳으로도 모자라 연이어 하나를 더 마련했다. 여기서 멈췄으면 좋았을 텐데, 나의 욕심은 더 커져만 갔다.

베네치아-피렌체-로마로 대개 코스가 이어지는데, 베네치아에서 묵은 손님이 피렌체에서 새기 시작했다. 그것을 막기 위해 나는 피렌체에도 민박을 만들어야겠다고 생각했다. 무리수를 두는 것임을 잘 알면서도 내친 김에 확장해보려고 했다. 그런 중에 베네치아에도 2호점이 생겼다. 그렇게 2년 사이에 민박이 베네치아 2곳, 로마 2곳, 피렌체 1곳, 총 5곳으로 늘어났다. 1년 매출이 20억 원 정도가 되었고, 직원도 13명이나 되었다.

그야말로 탄탄대로의 사업이었다. 초기의 막막함을 딛고 사업은 날로 번창했고, 사업에 대한 나의 꿈은 더 커져만 갔다. 하지만 그 뒤에 다가오고 있는 먹구름은 미처 발견하지 못했다. 그때까지는…….

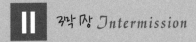

II 각막 장 *Intermission* ▶

이탈리아의 대표적인 여행지

로마Roma

〈테르미니Termini 역〉

로마 여행의 출발점이자 종착점. 국제공항인 레오나르도 다빈치 공항까지 직통 열차가 다니며, 유럽 각지로 연결되는 열차, 지하철, 버스의 정거장이 모여 있다.

베네치아Venezia

〈산타루치아Santa Lucia 역〉

베네치아의 중앙역이다. 베네치아를 둘러보기 위해서는 반드시 이곳으로 와야 한다. 넓게 트인 바다가 보이고 선착장이 앞에 있기 때문에 경치가 좋으며, 근사한 식당과 카페들이 즐비하다. 참고로 기차표는 펀칭을 해야 무임승차로 벌금을 내지 않는다고 한다.

〈산마르코San Marco 광장〉

리알또 다리를 건너서 표지판을 따라가다 보면 산마르코 광장이 나온다. 이곳은 나폴레옹이 세계에서 가장 아름다운 응접실이라고 극찬하기도 한 곳이며 베네치아 여행의 거점이 된다. 산마르코 성당, 두칼레 궁전, 탄식의 다리 등 많은 볼거리가 이 광장의 근처에 몰려있다.

베네치아

로마

나폴리

카프리

소렌토

나폴리Napoli

나폴리 만灣 안쪽에 있는 천연의 항구 도시로, 동쪽으로 점점 높아지는 지형이다. 끊임없이 이어지는 오렌지 가로수가 모래 해안과 어우러져 있고 베수비오 화산과 더불어 지중해에서 가장 아름다운 풍경을 이룬다. 예로부터 "나폴리를 보고 죽어라"라는 유명한 속담이 전해질 정도로 멋진 도시다.

소렌토Sorrento

소렌토는 절벽 위에 지어져 있다. 맑은 바다와 작고 조용한 항구 도시로 아름다움과 풍요로움을 갖춘 작은 도시다. 남부의 따뜻한 항구도시답게 열대 나무들이 도시를 수놓고 있으며, 깨끗한 지중해가 끝도 없이 펼쳐져 있는 언덕 위 마을이다. 여기서 바라보는 지중해를 한번 다녀온 사람들은 절대 잊지 못한다고 한다.

카프리 섬Capri

제정 로마 시대의 2대 황제였던 티베리우스 황제도 카프리 섬에 반해 이 섬에서 한 발짝도 나오지 않고 로마의 정치를 봤다는 전설이 있을 정도로 아름다운 섬.

영국의 찰스 황태자와 다이애나 비의 신혼여행지로도 유명한 유럽 최대의 여름 휴양지다. 지중해 해안을 따라 펼쳐지는 카프리 섬의 산책과 섬 정상의 몬테 솔라로Monte Solaro, 사람의 인공적인 손이 닿지 않은 천연의 아름다운 푸른 동굴이 이곳의 보물이며 매력이다.

– 편집부

02
내게 맡기신
사명을 위해

Sequence 1 다시, 음악으로

처음 사업을 시작한 것은 오페라를 꾸준히 하기 위해서였다. 하지만 사업이 점차 확장되고 잘 되다보니 주객이 전도되어 오페라에 대한 관심은 적어져 갔다. 이탈리아뿐만 아니라 유럽 전체에 파바로티 하우스를 세워야겠다는 생각에 사업 계획은 점점 커져만 갔다.

하지만 사업에도 위기가 다가오기 시작했다. 사람을 너무 믿은 것이 화근이었다. 로마와 피렌체에도 민박이 생기면서 내가 직접 그곳에 가서 관리를 하기 시작했고, 베네치아는 다른 사람에게 관리를 맡겼다. 그런데 그 사람이 자기 일처럼 관리를 하지 못했다. 게다가 베네치아에서 내가 직접 이벤트를 하지 않자 손님들도 점점 불만을 갖기 시작했다.

예상치 못한 사고들도 생기기 시작했다. 손님들이 밤에 술을 먹고 시끄럽게 하는 등, 이상한 행동들을 하여 이웃에게 피해를 주는 일도 잦아졌다. 직원과 손님이 눈이 맞아서 도망간 적도 있었다. 직원이 갑자기 사라지니 서비스는 당연히 엉망이 되었다. 그런 사고 속에서 때론 경찰이 동원되었고, 결국 베네치아 1호점은 영업 정지 처분을 받게 되었다.

1호점의 영업정지를 만회하려고, 다른 집을 구해 민박을 시작하려고 했으나 그것도 쉽지 않았다. 1호점 손님을 2호점으로 돌려보기도 했지만 사람이 많아지니 수용이 어려웠다. 로마에서도 새로 세운 관리자들이 서비스를 제대로 해주지 못해 손님들의 마음이 상하기 시작했다. 이런 상황 속에서 손님들이 가만히 있을 리 없었다. 인터넷에는 점점 우리 민박집에 대한 악플이 늘기 시작했다.

그러다가 결정적인 문제가 터졌다. 로마 지점이었던 호텔을 인수하고 영업을 하는 과정에서 계약에 문제가 생긴 것이다. 나는 제대로 계약을 했다고 생각했는데, 나중에 보니 계약상에 문제가 있었다. 그리고 중간에 한 사람이 돈을 들고 도망가기까지 했다. 갑작스럽게 돈과 호텔영업권을 모두 잃게 되었고, 나는 사기와 배신 속에서 사업의 최대 위기를 맞이했다. 결국 호텔은 문을 닫아야 할 상황이 되었다. 그동안 많은 투자를 했었는데 그 모든 것이 날아가게 되었다. 민박을 다른 사람에게 넘기려 했으나 그마저도 실패했다.

이제 사업에서 건질 것은 하나도 없었다. 남아있는 민박은 운영조차 하기 싫었다. 직원에게 두 달간 월급도 못 줬다. 아무 생각이 나질 않았다. 그렇게 실패와 좌절 속에서 고통의 순간을 보내야 했다.

모든 것을 내려놓은 채 교회에만 있었다. 다른 것은 신경 쓰고 싶지 않았다. 그저 하나님 앞에 엎드릴 뿐이었다.

기도만 하다가 두 달 즈음 되었을 때, 갑자기 정신이 들었다. 그래도 여기서 포기하면 안 된다는 생각이 번뜩 내 머리를 스쳤다. 그리고 기도 가운데 새 힘을 얻게 되었다. 남은 것이라도 잘 살려야겠다는 생각에 다시 일어섰다.

아직 베네치아 2호점을 찾는 사람들이 있었기에 다시 희망을 갖고 꾸려나갔다. 그리고 그 와중에 놀랍게도 베네치아 2호점을 포함해 피렌체, 로마, 그리고 새로 연 나폴리까지 네 군데의 지점을 운영하게 되었다. 나폴리에 있던 큰 민박을 인수한 후 파바로티 민박으로 바꾸었던 것이다.

직원들을 관리하는 것에도 지혜가 생겼다. 책임감을 갖고 민박집을 꾸려나갈 수 있도록 규칙에 따라 일정금액은 최종 관리자인 나에게 주지만, 그 외의 수익금은 직접 갖고 운영할 수 있도록 했다. 그러다 보니 자신들이 노력이 수익과 직결되어 더욱 책임감을 갖고 민박집을 관리하게 된 것이다.

그리고 나는 이제 막 시작한 나폴리에 더 신경을 썼다. 투어 시스템을 만들어서 세계에서 가장 아름답다는 카프리 섬을 구경할 수 있게 했다. 그 섬은 원래 투어 비용이 비싸 일반 관광객들은 쉽게 갈 수 없는 곳이었다. 하지만 나는 일반 사람들도 갈 수 있게끔 보트로 가는 투어를 만들었고, '카프리 투어'라고 이름을 붙였다. 거기에 내가 직접 운전을 해주고 구경하면서 노래도 해주었다. 베네치아에서 했던 것을 나폴리에서 다시 재현한 것이었다. 해변은 아름답지만 막상 가면 심심하다는 단점이 있는데, 내가 노래를 해주니 사람들이 즐거워했고, 자던 사람도 일어나서 환호해 주었다. 이 소문이 피렌체와 베네치아까지 났고, 투어는 더 발전할 수 있게 되었다.

그렇다고 그 길로 사업을 계속 이어간 것은 아니었다. 어려움 속에서 다시 사업을 살리긴 했지만, 하나님이 원하시는 것은 이 길이 아니라는 생각이 들었다. 물론 사업이 가난한 후배들을 돕기 위한 것이었지만, 아직 때가 아니었다.

내가 그렇게 결단을 내릴 수 있었던 계기가 있었다. 바로 로마 한인교회에서 지휘자 제의가 들어온 것이다. 그 상황에서 나는 10일 동안 기도해보겠다고 답변을 드렸다. 하나님이 사업을 하는 것을 원하시는지, 아니면 음악 쪽으로 더 나아가기를 원하시는지 더 기도해보고 싶었다. 기도 가운데서 하나님이 음악 쪽으로 가기 원하심을 깨달을 수 있었고, 나는 사업에서 음악으로 다시 돌아갔다. 그 목표를 아예 접은 것은 아니었지만, 기회가 된다면 나중에 하나님이 인도하시리라 믿었다.

Sequence 2 마데카솔 집사

사업의 위기를 한 차례 겪고 나니 또 다른 위기가 나를 엄습했다. 그것은 다름 아닌 내 몸에 닥친 위기였다. 어느 날 바지를 갈아입는데 한쪽 다리에 까맣게 딱지가 앉아있는 것을 발견했다. 눌러보니 고름이 나왔다. 병원에 가서 받아온 약을 바르며 기다렸는데, 홈이 더 파이기 시작했다. 나중에는 구멍까지 나기에 이상해서 병원에 가보니 의사는 피부암인 것 같다고 했다.

갑자기 앞이 캄캄해졌다. 마침 한국에 들어갈 일이 있어 한국에 가서 좀 더 자세한 검사를 받아야겠다고 생각했다. 공릉동에 있는 병원에 가서 다시 진단을 받았다. 거기서도 피부암이 거의 90% 확실하다고 말했다. 그러고는 다리가 썩어가는 것 같다며 아마도 다리를 절단해야 될 것 같다고 했다. 동네 병원 진단을 믿을 수 없다는 생각에 더 큰 종합병원에 갔다. 그런데도 같은 진단 결과가 나왔다.

나는 받아들이고 싶지 않았다. 아니 받아들일 수가 없었다. 어릴 때 아버지와 함께 목포에 있는 병원을 헤맸던 게 생각이 났다. 하필 또 다리였다. 나는 인정하기 싫어서 원자력 병원까지 찾아갔지만, 똑같은 대답이 돌아올 뿐이었다. 암 전문 병원인 원자력 병원에서까지 그렇게 말을 하니 더 이상 희망이 없었다. 일단은 조직검사를 했다. 그리고 결과가 나오기까지 며칠을 기다려야 했다.

집에까지 어떻게 왔는지도 모르겠다. 많은 생각이 머릿속을 맴돌았다. 하루하루 시간이 지나면서, 현실을 인정할 수밖에 없다는 결론을 냈다. 그러면서 그동안의 내 인생을 돌아보았다. 불만 가득했던 섬 마을 소년을 지금까지 인도하셨던 하나님. 이 부족한 나를 인도하셔서 상상조차 할 수 없었던 오페라 가수로 세우신 큰 은혜. 이탈리아에서 민박집을 운영하면서 맛본 인생의 성공과 실패. 이런 저런 생각이 주마등처럼 스치면서 감사와 동시에 원망이 교차했다.

'왜 또 이런 시련을 주시는 것일까?'

'다리 잘린 오페라 가수를 원하시는 것일까?'

'결국은 나를 피부암으로 죽게 하실 거면서 왜 지금까지 그 험난한 길을 다 헤치고 지금 이 위치에 세우신 것일까?'

소식을 접하게 된 사람들도 난리가 났다. 가족들은 물론이고 유학을 보내주신 드림교회 목사님과 성도들, 특히 목사님 사모님은 내 다리를 보시고는 펑펑 우셨다.

상황이 그렇게 되니 죽음에 대해 심각하게 생각하지 않을 수 없었다. 교회를 찾아가 엎드려 기도를 하는데, 몇 시간이 지났을까? 이런 생각을 하게 되었다.

'죽으면 누구나 하나님의 심판대 앞에 서게 될 텐데……, 나 역시 마찬가지겠지.'

그런데 문득 "너는 나를 위해 무엇을 했느냐?"라는 하나님의 음성이 들리는 것 같았다. 그 질문 앞에 나는 할 말이 없었다. 그동안 국제 콩쿠르에서 했던 20회의 우승, 300회가 넘는 오페라 공연의 주인공……. 이 모든 게 주님 앞에 섰을 때 무슨 의미가 있단 말인가?

또 갑자기 어렸을 때부터 늘 생각해온 나의 꿈이 생각났다. 나중에 돈을 많이 벌면 형편이나 상황이 어려운 사람들을 위해 고아원과 노인정 그리고 학교를 만들겠다는 꿈. 성악을 하면서도 그 꿈은 변하지 않았다. 내가 파바로티처럼 유명해지게 되면 하나님의 이름을 높이고 복음을 전하는 삶을 살며, 사람들을 돕는 선한 일을 많이 해야겠다고 생각했다. 얼핏 보기에는 그럴듯해 보이는 꿈이었지만, 나의 꿈 앞에는 항상 조건이 붙어 있었다.

'내가 부자가 되면…….'

'내가 유명해지면…….'

하지만 죽음을 앞에 두고 보니 내가 얼마나 연약한 존재인지…….

'나는 언제 죽을지도 모른다. 내일이라도 하나님이 부르시면 이 세상을 떠나야 한다.'

그러자 그동안 내가 했던 생각이 얼마나 어리석었는지 깨닫게 되었다. 한없는 부끄러움이 밀려오면서 회개기도를 시작했다. 얼마나 울었는지, 얼마나 시간이 흘렀는지도 모른 채 계속 기도했다.

"다리가 잘려도 좋습니다. 목발을 짚고서라도 나의 재능이 필요한 자에게 나누겠습니다. 나중에 피부암으로 죽는다고 해도 주님의 복음을 위해 살겠습니다. 지금 부자가 아니어도, 지금 유명하지 않아도, 지금 당장 하겠습니다."

나의 입에서 이런 기도가 자연스럽게 흘러나왔고, 기도를 마치니 마음에 평안이 찾아왔다.

그리고 3일 후, 검사 결과를 듣기 위해서 병원에 갔다. 그런데 의사가 차트를 보면서 이상하다며 고개를 갸우뚱하는 것이 아닌 가. 조직검사 결과 전혀 이상이 없다는 것이다. 분명 피부암이라 고 생각했는데 이제 보니 피부암이 아니란다. 병균도 안 보이고 아무 이상이 없다며 신기해했다. 그러더니 앞으로는 그냥 마데 카솔 연고만 잘 바르라고 하는 것이었다. 순간 나는 그 자리에서 고백했다.

"주님, 감사합니다. 앞으론 지금 제가 있는 이 자리에서 주님 만을 위해서 살겠습니다."

이 기쁜 소식을 바로 어머니께 전화해서 알려드리고는 교회로 달려갔다. 교회에는 나를 위해 중보기도를 하시던 목사님과 사 모님, 그리고 성도들이 있었다. 나는 검사 결과를 알렸다. 다들 자신의 일처럼 너무나 기뻐해주었다. 그 이후 연고만 발랐고, 지 금까지도 아무 이상 없이 잘 지내고 있다. 그때부터 나의 별명은 '마데카솔 집사'가 되었다.

그때의 교훈은 아직도 나를 달리게 한다. 미루는 것은 핑계일 뿐임을 알기에 오늘 이 순간 내가 도울 수 있는 일을 찾고 있다. 그리고 찾으면 바로 행동으로 옮기고자 한다. 내가 주님 앞에 서 게 되는 그날 부끄럽지 않기 위해 오늘도 나는 순간순간 하나님 의 음성에 집중하고, 순종한다.

To. 조용갑 선생님 1

선생님처럼 인생과 소리에 있어 드라마틱한 테너는 처음 봅니다. 어느 누구도 흉내 내지 못할 강하고 화려한, 그리고 신비한 소리를 내십니다. 감히 세계에서 최고의 소리를 갖고 있다고 말하고 싶습니다. 선생님의 가르침에서는 항상 진심 가득한 열정이 담겨 있습니다. 절망 가운데 있는 후배들에게 희망을 선물해주시고, 큰 비전을 갖게 해주십니다. 그래서 저 역시 선생님을 닮아가고 싶습니다.

항상 바쁜 스케줄 가운데 건강을 해치실까 많이 걱정됩니다. 항상 건강하시길 바랍니다. 그리고 저희들 또한 빨리 성장하여 선생님 명예에 빛이 되는 훌륭한 제자가 되겠습니다.

– 제자 조혜진

은평제일교회 연주회 때, 우리나라에서는 쉽게 들을 수 없었던 테너의 소리를 들었습니다. 마침 합창단 모집 광고를 보고 오디션 날짜만 손꼽아 기다렸습니다. 성악을 전공했지만 졸업과 동시에 결혼하고 아이 셋을 키우느라 꿈을 펼치지 못했거든요. 제게 기회가 찾아왔다고 생각했고, 선생님이 제게 날개를 달아주실 거란 확신이 들었습니다. 지금 저는 너무나 행복한 꿈을 이루어가는 아내와 엄마로 살아간답니다. 특히 선생님은 한 번도 화를 내신 적이 없고, 함부로 말씀을 하신 적도 없으시죠. 칭찬은 고래도 춤추게 하듯, 우리가 아무리 못해도 웃음으로 승화시켜가며 재미있게 가르쳐주시고, 늘 용기와 희망과 비전을 불어넣어주십니다.

— 합창단원 김영미

교회에서 음악회를 하게 되어 집사람과 함께 가보게 되었습니다. 그때 선생님의 노래를 듣게 되었는데, 그 어떤 음악회에서도 느끼지 못했던 엄청난 감동을 받았습니다. 찬양과 간증, 멋진 오페라를 듣고 뜨거운 눈물을 흘렸습니다. 하나님의 풍성한 은혜와 사랑을 경험할 수 있었습니다. 그때 받은 감동을 계기로 합창단에 가입했고, 열 일 제쳐두고 연습하러 가곤 합니다. 이렇게 열심히 연습에 임하는 이유는 큰 은혜와 감동이 파도처럼 다가오기 때문입니다. 저는 저에게 감동을 주시는 분을 인정하고 따르곤 하는데, 선생님이 그런 분이십니다. 또한 제 삶의 최고의 가치가 착하게 살자는 것인데, 특히 선생님은 정말 선하시고 예수님을 닮기 위해 노력하시는 분 같으세요. 선생님을 보며 재능기부로써 조건 없는 주님의 사랑과 은혜를 나누는 일에 늘 선한 도전정신을 품게 되곤 합니다.

– 합창단원 김남주

03

내가 누린 희망을
그대에게

다리를 치료하고 다시 이탈리아에 돌아가니 로마한인교회가
건축을 한 이후로 재정 상황이 어려워져 힘들어하고 있었다. 건
축을 하면서 은행 대출을 받았는데, 이자와 원금을 갚을 형편이
안 되니까 계속 밀리고 밀려 차압이 들어올 상황이 된 것이다.
그래서 어떻게 해야 하나 생각을 하다가 내가 교회를 도울 수 있
는 방법이 한 가지 떠올랐다.

TOP는 내가 민박 사업을 하기 전부터 사업을 정리한 이후까
지, 로마한인교회에서 진행해오던 프로젝트다. 로마한인교회의

유학생들에게 무료로 레슨을 해주는 것이었는데, 단순한 레슨이 아니라 제자 양성의 단계까지 이어지는 것이었다. 열정은 있지만 현실의 벽에 부딪혀 회의와 좌절로 고민하는 유학생들을 어떻게 도와줄까 고민하다가 함께 새벽기도를 가기도 하고, 깊은 대화도 나누면서 결정하게 된 것이다. 나는 이것을 봉사 차원으로 한 것이 아니라, 그들과 비전을 공유하기 위해 시작한 것이었기에 어김없이 계약서를 쓰고 진행했다.

계약서의 내용은 이전에 동생을 훈련시킬 때나 아내를 레슨해줄 때와 비슷했다. 일단 레슨은 매주 한 번씩, 3년 동안 무료로 하는 것이었고, 무료로 하는 대신 음악을 통한 재능기부 연주와 봉사를 하며 공연을 함께 해나가는 것이었다. 학생들은 함께 공부하고 연습도 하며, 서로 부족한 부분을 나누고 도전을 받기도 했다. 그리고 일 년에 두 번씩 연주회도 열어 무대 경험을 쌓을 수 있게 해주었다. 그렇게 한국 학생 다섯 명 정도로 시작된 제자양성 프로젝트가 TOP였던 것이다.

TOP 단원들과 모여 어떻게 구체적으로 교회를 도울 수 있을지 고민했다. 그래서 생각해낸 게 한국에 있는 교회들을 순회하면서 공연을 하고 그 수익금으로 교회를 돕는 것이었다. 하지만 다섯 명만으로는 순회공연을 하기 힘들었다. 테너도 한 사람 더 필요했고, 다른 파트도 마찬가지였다. 그래서 교회에서 함께 봉사하는 성악가 두 명도 함께 참여하기로 했다. 교회를 위해 하는 것이었기에 'TOP'가 아니라, '로마한인교회'의 이름으로 하기로 했다. 다 각자 자비로 비행기 티켓을 끊어, 두 달 동안 공부건 사업이건 다 제쳐두고 일단 한국에 들어왔다.

♪
Sequence 2   TOP와 함께한 기적의 역사

TOP와 함께 사역을 하면서 크고 작은 기적들을 체험할 수 있었다. 하나님은 우리의 사역 위에 늘 단비를 내려주셨다. 때로는 우리가 지쳐서 마음이 메마르기라도 하면, 우리를 통해 이루시는 그분의 놀라운 섭리를 목격하게 하시며 우리의 마음을 은혜로 촉촉히 적셔주셨다.

우리의 사역에 있어서 가장 중요한 것은 악기, 즉 우리의 몸이다. 따라서 우리는 컨디션을 알아서 조절하고 관리하며 공연을 준비해야 했다. 행여 감기라도 걸리면 공연 자체가 불가능해질 수도 있기 때문이다. 하지만 이탈리아에서 한국으로 돌아오자마자 바로 순회공연이 이어졌기에 우리는 시차적응도 되지 않은 상태에서 계속해서 먼 거리를 이동하며 사역해야 했다. 매주 수

요일, 금요일, 주일에 고정적으로 공연을 했는데, 특별한 공연이 잡히기라도 하면 다음날 아침에 당장 떠나기도 했다. 가뜩이나 순회공연을 하다보면 몸이 축나는데, 시차적응의 벽까지 넘어야 하니 그저 무모한 도전일 뿐이었다. 하지만 그런 우리에게 늘 기적이 찾아왔다.

소리가 나올 수 없는 상황인데 막상 공연할 때가 되면 기적적으로 소리가 나왔다. 우리는 이러한 경험들을 통해 우리끼리만 사역을 하는 것이 아니라, 하나님이 늘 곁에서 함께하신다는 것을 느낄 수 있었다.

한번은 부산에 있는 해운대제일교회에 사역을 하러갔는데, 나는 전날 장염과 감기몸살 때문에 목소리조차 낼 수 없는 상황이 되었다. 숙소에서 그저 답답한 마음을 부둥켜안고 밤을 보내야 했다. 다음날, 밤새 내 몸과 씨름을 했지만 여전히 목소리는 나오지 않았다. 교회를 돕겠다고 이렇게 멀리까지 왔으니 어떻게든 공연을 해야 하는데……. 도저히 노래를 할 수 없다는 것을 알았지만, 그래도 믿음을 갖고 무대에 섰다. 머리로는 불가능하다는 생각이 들기도 했지만, 마음으로는 하나님의 도우심을 신뢰하고 또 확신했다.

그렇게 믿음을 안고 노래를 했는데, 기적적으로 소리가 나오는 것이 아닌가? 이러한 기적들이 계속 우리의 사역을 따라다녔

다. 그런 역사들이 힘들어도 다시 힘을 내서 하나님의 도우심을 바라볼 수 있는 이유가 되었다.

또한 공연할 교회들이 연결되고 또 연결되는 역사도 있었다. 아무리 우리가 사역을 계획한다고 해도 정작 순회공연을 할 교회가 연결되지 않으면 사역을 꾸준히 이어갈 수 없다. 그래서 우리는 늘 이 기도제목을 놓고 기도했다. 더 많은 곳에서 공연하여 교회를 도울 기금을 마련할 수 있게 해달라고……. 우리가 한국에서 보내는 이 모든 시간들이 교회를 위해 사용되도록 해달라고…….

250

함께 모여 공연을 준비하는 것도 은혜였지만, 어쩌면 그렇게 한마음을 품고 한목소리로 기도했던 과정도 은혜의 시간이었다. 하나님께서는 늘 우리의 기도에 응답하셔서 한국에서 진행되는 모든 순회공연의 과정들을 인도하셨다.

공연을 하면서 노래나 연주만이 아니라 나의 짤막한 간증을 들려주는 게 좋겠다는 생각이 들었다. 공연을 통해 감동을 전하는 게 필요할 것 같다는 생각이었다. 비록 나의 말솜씨나 전달력은 부족했지만, 하나님께서는 나의 간증을 통해 공연이 더욱 뜨거운 감동으로 다가갈 수 있게 하셨다. 그 자리에도 하나님께서 역사하셨고 그 가운데 큰 은혜가 있도록 하신 것이었다.

그때마다 생각했다. 부족했던 나를 들어 쓰시는 하나님의 역사가 많은 이에게 감동이 될 수 있다는 것을. 그리고 인간의 연약함과 부족함은 오히려 하나님을 높이는 도구가 되고, 더 큰 희망과 감동을 줄 수 있다는 것을.

나의 모자람이 간증이 되어 귀하게 나누어지는 것을 보면서 가장 큰 감격에 빠진 사람은 나 자신이었다. 그리고 이 희망과 감동을 꾸준히 나누고 싶다는 마음을 갖게 되었다.

한번은 TOP와 다른 나라에 사역을 떠난 적이 있었다. 그곳에
서 선교사로 활동하면서 신학교를 운영하고 있는 분이 로마한인
교회에 온 것을 계기로 연결이 된 것이었다. 우리는 특별한 기대
를 안고 국경을 넘어 로마에서 그 나라까지 머나먼 여정을 떠났
다. 도착해서 비밀리에 담당자분들과 인사를 나눈 뒤, 낡은 차를
타고 상당한 거리를 더 달린 후에야 목적지인 신학교에 다다를
수 있었다.

　　처음에는 단순한 신학교인줄 알았는데, 알고 보니 그곳은 신
학교육과 더불어 조선족과 탈북자들을 돕는 뜻 깊은 사역을 하
고 있었다. 그 나라에서는 선교 활동이 공식적으로 금지되어 있
기에 자칫 위험할 수도 있었지만, 자신의 목숨까지 헌신하며 영
혼을 사랑하는 마음으로 그들을 돕고 계신 선교사님의 모습은
우리에게 큰 감동이었다. 그리고 우리의 사역이 얼마나 소중한
지 새삼 깨달을 수 있었다. 우리의 목소리와 간증이 위험을 무릅
쓰고 이름도, 빛도 없이 사역하시는 분들에게 희망을 드릴 수 있
다니……. 내가 오히려 큰 은혜를 받았다.

　　신학교에서 공연이 끝나고 그 지역에서 가장 크다는 교회에

들렸다. 성경을 최초로 번역한, 교회사적으로 의미 있는 곳이었다. 우리는 그곳 외에도 교회 네 곳에 가서 특송을 했다. 그렇게 그 나라에서 200만 원이 모금되었고, 그중 100만 원은 선교사님 신학교 후원금으로 헌금했다.

우리가 헌금한 그 100만 원. 누군가는 고작 100만 원이냐고 말할지도 모른다. 하지만 먼 이국땅에서 함께 하나님의 비전을 바라보며 모은 그 물질들은 이 땅에서 천국을 만들어가는 기초가 되지 않았을까?

그리고 훗날 그 일이 씨앗이 되어 우리는 더 큰 기금을 모금할 수 있었다. 영사님의 수고로 교류음악회를 열게 된 것이다. 극장을 순회하면서 음악회를 하여 TOP는 예상치 못한 곳에서도 기금을 모을 수 있었다.

♪ Sequence 4 ┃ TOP와 두 가지 기도제목

거의 두 달 정도 진행된 순회공연을 통해 우리가 모은 수익금은 5천만 원 정도였다. 거기에서 차량 렌트비와 기름값 등의 경비로 사용된 200만 원 정도만을 제하고 전부 교회에 헌금했다. 그렇게 교회는 2년 정도의 이자를 갚아 위기를 넘겼다.

이 과정을 통해 내가 품었던 다섯 가지 기도제목 중, 두 가지의 기도제목이 응답되는 것을 경험했다. 하나는 교회에 대한 선교활동을 할 수 있게 된 것이고, 또 하나는 제자 세우는 일을 할 수 있게 된 것이다.

TOP를 만들고 TOP를 중심으로 연합하여 교회봉사를 한 경험은, 나만 바라보며 달려왔던 과거에서 다른 사람들을 바라보는 다음 단계로 나아갈 수 있는 터닝 포인트가 되었다.

또한 그러한 경험 속에서 내가 드러나고, 내게 공을 돌리는 것이 아니라 어떻게 나를 통해 하나님만 나타나고 영광 받으실 수 있을지 고민할 수 있었다. 그러면서 내가 배운 것은 내가 하나님께 거저 받은 것들을 감사함으로 나눌 때, 하나님께서 오히려 내 삶을 더욱 풍성히 채워주신다는 것이었다.

하나님은 앞으로도 계속해서 내가 더 많은 것을 나누도록 하실 것이다. 지금도 나누어야 할 은혜와 사랑이 내 안에 가득히 쌓여간다.

이제 시작이다. 지금까지 테너 조용갑이 되기 위해 고군분투하며 앞만 보고 달려왔다면, 이제는 내가 아닌 또 다른 음악인을 세우는 조용갑이 되기 위해 더 넓은 시야를 갖고 달린다.

Sequence 5   아마추어 합창단에도 희망이

무엇 하나 제대로 가진 것 없이 어렵게 살아온 내가 여기까지 올 수 있었던 것은 그야말로 '거저' 받은 축복 때문이다. 먼저는 하나님의 은혜를 거저 받았고, 필요한 순간마다 사람들로부터 많은 도움을 받았다. 그 축복들 때문에 나는 생각지도 못한 꿈을 꿀 수 있었고, 늘 희망을 품을 수 있었다. 그러니 내가 할 일은 내 도움을 필요로 하는 사람에게 내게 있는 것을 거저 주는 것이었다.

항상 빚진 자의 마음으로 살아가던 나는 한국에 아예 들어오면서 이를 본격적으로 실행에 옮기기로 했다. 그래서 시작한 것이 아마추어 합창단이다. 마침 방송에 출연을 하게 되면서 아마추어 합창단을 모집할 기회가 생겼다. 여러 가지 여건 때문에 자신의 꿈을 포기했던 사람들이 모이기 시작했다. 19~70세까지 다양한 연령대였다. 대부분 방송을 보고 지원했는데, 내가 혼자 프로젝트로 하다 보니 체계가 잡힌 게 없어서 실망하고 중도하차한 이들도 있었다.

하지만 합창단에서 희망을 발견한 사람들도 있었다. 어려서부터 소아마비를 앓았는데 솔리스트로 활동하게 된 사람도 있고, 오페라나 뮤지컬을 보고 막연히 해보고 싶어서 온 사람도 있었다. 성악 공부를 하다가 형편이 어려워서 포기했던 사람도, 신체적인 장애가 있지만 음악을 통해 희망을 갖고자 하는 사람도 찾아왔다. 그리고 암 투병 중에 찾아온 한 장로님도 있었는데, 그분은 찬양이 좋아서 합창단에 오신 것이었다. 감사하게도 연습 중에 암이 완치되는 은혜가 있었다. 건강을 회복하시고 사업을 다시 시작하셔야 해서 어쩔 수 없이 합창단을 떠났지만, 나중에 후원을 약속하시는 등 따뜻한 마음을 남겨두고 가셨다. 어떤 70세 할머니는 노래 잘 배워서 앨범을 내고 싶다는 포부도 밝히셨다. 그리고 가난한 사람들을 찾아가 음악을 들려주고 싶다고도 하셨다.

처음에는 40명이 모여서 시작했지만 지금은 65명 가까이 모인다. 모임은 일주일에 한 번씩 갖는데, 보통은 매주 월요일 7시에 모여서 8시까지 발성연습을 하고 개인적으로 돌아가면서 레슨을 받는다. 그리고 8시부터 10시까지 합창연습을 한다. 물론 레슨은 전부 무료. 감사하게도 은평제일교회 목사님께서 고문이 되어주셔서 장소를 허락해주셨다. 또한 그 근처 '가마골'이라는 갈비집의 회장님이 단장이 되셔서 지금도 재정적으로 많은 도움을 주고 계신다.

남들은 뭐하러 고생하면서 그런 일을 하느냐고 하지만, 나는 늘 말한다. 작은 힘이 모여 큰일을 이루어가는 것이라고……

　우리는 지금 사랑릴레이를 하고 있다. 나는 내가 받은 사랑을 합창단에게 넘기고, 합창단은 위로가 필요한 곳에 그 사랑을 넘긴다. 그렇게 사랑은 전달되고 또 전달된다. 이렇게 전달된 사랑은 계속해서 퍼져나갈 것이다. 사랑이란 작은 씨앗 하나가 큰 숲을 이루는 것과 같다. 나는 세대를 초월한 이 아마추어 합창단을 통해 계속해서 사랑을 나누길 원한다. 나이가 많다고 죽을 날만 기다리며 무의미하게 살 순 없다. 남은 세월이 얼마만큼이든, 자신이 가지고 있는 소리를 통해 남들에게 기쁨과 감동을 줄 수 있다면 얼마나 귀한 세월을 보내고 있는 것인가.

이렇게 문화사역을 하겠다는 나의 목표 하나가 점점 이루어지고 있다. 이렇게 많은 사람이 한 마음이 되어서 사역을 할 수 있다는 것이 믿겨지지가 않는다. 배우려는 의지, 꿈을 향한 열정과 함께 뜨거운 사랑까지 간직한 그들⋯⋯. 그들과 함께할 수 있어서 행복하다. 혼자서는 힘들어도 연합하면 할 수 있다는 것을 합창을 하며 느낀다.

Sequence 6 어두운 곳에 비추는 희망의 빛줄기

아마추어 합창단은 화려한 전당에서 공연하기 위해 만들어진 것이 아니다. 오히려 사정이 어렵고 힘들어서 극장에조차 갈 수 없는 사람들을 위한 것이다. 그래서 주로 우리의 사역지는 사람들이 많이 모이는 서울역이나 전철역, 그리고 동대문, 남대문 광장, 명동 거리 등등이었다. 사람들이 피곤함에 지쳐 생각 없이 걷는 거리에 아름다운 합창이 울리고, 그 노랫소리가 그들에게 위로가 된다면 얼마나 좋을까 하는 생각이었다. 그래서 우리의 공연 형식도 주로 퍼포먼스였다. 지나가던 사람이나 가게의 주인도 함께 부담 없이 참여하는 퍼포먼스. 이러한 거리 연주를 통해 많은 사람이 힘을 얻고 웃음을 얻고 희망을 얻는 것이 합창단의 목적이다.

이렇게 아마추어 합창단과 함께 여러 곳에서 공연을 하는데, 군부대나 경찰 교도소에 가서 재능기부를 하기도 한다. 처음 교도소 사역을 가기 위해 준비하면서, 300명 이상의 재소자들을 위해 떡을 사고, 교도소 사역하시는 목사님께 부탁해서 함께 방문하기로 했다. 그런데 준비할 것도 많고 걱정이 이만저만이 아니었다. 무엇보다 '자유가 없는 그 곳에서 내가 그들에게 무슨 도움이 될 수 있을까? 어떤 위로가 될 수 있을까?' 라는 고민을 계속했다.

어떤 말을 해도 그들에게는 위로가 되지 않을 것 같았다. 사역을 나가기 하루 전날까지 고민 속에서 보내다가 2011년 10월 25일, 드디어 사역을 나가는 당일이 되었다. 아침에 아내와 아이들을 깨워 가정예배를 드리는데, 찬양을 하며 계속 눈물이 흘렀다. 아내도 그런 나를 보며 울기 시작했고, 어린 딸과 아들은 왜 우냐고 물으며 영문을 몰라 했다. 그렇게 눈물범벅이 되어 예배를 마치면서 이런 생각이 들었다.

'바로 이거구나. 그들과 함께 울어주면 되겠구나.'

그날 오후, 윤재홍 소장님이 계시는 영원교도소로 공연을 갔다. 소장님은 재소자들에게 문화적인 콘텐츠를 제공해서 그들의 스트레스를 해소시키고, 심성순화와 정서적 안정을 유도해 그들이 성공적으로 사회에 복귀할 수 있도록 돕는 분이다. 그러다 보니 이곳은 그 어떤 교도소보다 수감자들의 변화가 많이 일어난다. 그래서 그런지 내가 생각했던 교도소와는 사뭇 느낌이 달랐다.

이날 공연은 대강당에서 이루어졌다. 대략 300여 명의 재소자들이 참석했다. 나는 공연 중간 중간 파란만장했던 나의 인생사를 이야기하며 공연을 펼쳐나갔다. 나의 삶은 재소자들에게 감동과 그들도 할 수 있다는 희망이 되었던 것 같다. 공연 후 수용자 중 한 명은 "감미로운 공연으로 수용 생활 중의 메마른 마음이 차분해지는 것 같았다."라고 이야기했으며, 또 어떤 이들은 나의 드라마틱한 인생사를 떠올리며 공연을 보니 "나도 다시 할 수 있다는 자신감이 생겼다."라고 입을 모았다. 또한, 윤재홍 소장님도 "앞으로도 다양한 문화프로그램을 지속 마련해 수용자들이 보다 건강한 시민으로 사회에 복귀할 수 있도록 돕겠다."라고 말씀하시며 우리에게 자주 와서 공연을 해달라고 하셨다.

앞에서 언급했던 '마데카솔' 사건, 피부암으로 오인해 죽음과 삶을 생각했던 그 사건을 통해서 '나중이 아닌 지금 하자.'라고 생각을 바꾸니, 내가 나눔을 실천해야 할 곳은 너무나 많고 가야 할 곳도 많았다. 지금 시간이 있을 때, 건강할 때 그리고 내가 노래할 수 있을 때 섬겨야 한다는 생각이 들었다. 내가 나중에 주앞에 섰을 때 부끄럽지 않기 위해 더욱 섬겨야 한다는 생각이었다. 그러다 보니 재소자들에게 희망을 주고 위로하는 사역을 하게 된 것이다. 다짐으로만, 생각으로만 재소자를 섬기겠다고 했다면 그들을 정말 섬기고 이해하는 마음으로 사역할 엄두도 못 냈을 것이다. 힘들었지만 죽음의 문턱까지 갔던 피부암의 경험이 나를 그곳으로 이끌었다.

나는 지금 하고 있는 여러 가지 사역 중 재소자들을 위한 사역에 보다 많은 신경을 쓰고 있다. 그들이 음악을 통해 위로와 희망을 얻는다면 그래서 그들의 삶뿐만 아니라 그 주위가 바뀔 수 있다면 얼마나 좋겠는가. 사실 나도 불만 많고 부정적인 사람이었다. 그러나 예수님의 사랑을 알고 나서 긍정적인 사람이 될 수 있었다. 그리고 그 과정에서 생각을 바꾸니 모든 삶이 변하고 꿈을 이룰 수 있었다. 나 같은 사람도 했기에, 그들도 충분히 할 수 있으리라 믿고 있다. 그들의 불만과 원망이 감사로 바뀌고, 부정적인 눈이 긍정적인 눈으로 바뀌고, 막막함 가운데 비전이 심어지길 소원한다.

To. 조용갑 선생님 2

전문가이심에도 일반인을 대상으로 성악을 가르쳐주신다는 말씀에 용기를 내어 오디션에 지원했습니다. 선생님은 곡을 하나 시작할 때마다 그 곡에 흡수될 수 있게 하십니다. 예를 들어, '중화반점'이란 노래를 시작할 때는 "여러분! 자장 좋아해요?"라는 말로 시작하곤 하시죠. 선생님의 유머에 연습시간은 늘 즐겁습니다.

— 합창단원 김유니

은평제일교회에서 열린 음악회에서 선생님을 알게 되었고, 후에 은평제일교회에서 합창단 오디션이 열려서 지원했습니다. 선생님께 배울 수 있게 되어 얼마나 기뻤는지 모릅니다. 작년에 크리스마스 캐럴을 연습할 때는 막춤까지 추시면서 지휘하셨지요. 이전에는 권투선수셨다는 것이 믿기지 않을 정도로 귀여우셨습니다.

— 합창단원 이정윤

고등학교 시절의 경험을 바탕으로 합창을 다시 한 번 해보고 싶어 하던 차에, 마침 다니던 교회에서 조용갑 선생님과 TOP 공연을 접하게

되었습니다. 합창단의 취지인 꿈을 나눠주고 희망을 주는 일에 함께
하고자 저 역시 친한 형과 함께 지원하게 되었습니다.

　　　　　　　　　　　　　　　　　　　　　　　 – 합창단원 임창민

〈아침마당〉이라는 TV프로그램에서 어머니가 조용갑 선생님을 보시
고는 제게 소개해주셨고, 오디션을 보게 되었습니다. 세계적인 성악
가시라 가까워지기 힘들 것 같았는데, 저희들에게 격 없이 대하시고
늘 재미있게 합창단을 이끌어 가십니다. 첫 공연에서 지휘하시면서
해맑은 미소로 춤을 추신 적도 있는데, 그런 모습도 감동이었습니다.

　　　　　　　　　　　　　　　　　　　　　　　 – 합창단원 박푸름

교회에서 특송하실 때, 엄청난 감동을 느꼈습니다. 이후 사회적인 활
동을 하는 합창단을 만드셔서 저 역시 오디션에 참여하게 되었습니
다. 늘 정열적으로 가르치시는 모습에 감사드리고 있습니다. 한번은
베이스 파트에서 제가 나름대로 다른 단원들을 가르치고 있는데, 그
것을 보시고 제게 '교수님'이라고 별명을 붙여주셨어요. 아직까지 불
러주시는데, 감지덕지입니다.

　　　　　　　　　　　　　　　　　　　　　　　 – 합창단원 김수삼

04

아빠가,
사랑하는 아이들에게

♪
Sequence 1 너희가 꿈꾸는 대로

2012년 일곱 살이 된 수아, 그리고 세 살 나단이……. 우리 아이들은 많이 어리다. 아직 자기의 꿈이 뭔지 생각해본 적도 없을지 모른다. 하지만 부모인 나의 눈에는 아이들이 잘하는 것, 흥미 있어 하는 것들이 눈에 들어온다. 그리고 과연 어떤 꿈을 꾸고 살아가게 될까 기대하게 된다. 아마 세상 부모들이 다 내 마음과 같을 것이다.

수아는 미술 쪽에 관심이 많고 소리에 민감하다. 아무래도 부모의 음악적인 부분을 많이 닮지 않았나 싶다. 그리고 겉보기와는 달리 예민할 때가 많다. 좋게 말하면 표현 하나하나에 민감하고 세심하다. 수아에게 그런 모습이 하나씩 보이기 시작하니 그저 신기할 따름이다. 나단이는 사실 아직 어떤 것에 관심이 있는지도 모른다. 지금은 그저 궁금하고 기대가 될 뿐이다.

부모로서 욕심 같아서는 나단이를 축구선수로 키우고 싶다. 사실 나는 축구선수를 시키고 싶어서 아들을 낳고 싶다는 생각을 했다. 만약 둘째가 아들이 아니었다면 다섯이고 여섯이고 계속 낳자고 했을지 모른다. 둘째가 아들이어서 얼마나 다행인지 모른다. 물론 '축구선수 아들 만들기 프로젝트'는 내 바람일 뿐이다. 나는 아이들이 자신들의 꿈을 발견했을 때 아이들이 원하는 것을 할 수 있도록 응원해줄 것이다. 자기 재능과 흥미대로 꿈을 마음껏 꿀 수 있게 해줄 것이다.

수아와 나단이는 둘 다 악기 통이 좋다. 나는 구조적으로 소리를 잘 낼 수 있는 짧은 목을 가지고 있는데, 둘 다 그 점을 닮았다. 사실 짧은 목은 고음을 내기가 쉽다. 그래서 나는 고음이 늘 강점이었다.

우리의 짧은 목에 대한 일화도 있다.

한번은 아이들이 감기에 걸려서 온 식구가 함께 병원에 간 적이 있었다. 아내가 먼저 첫 아이 수아를 데리고 진찰실로 들어갔

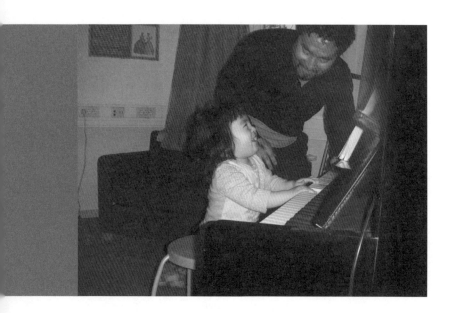

는데, 의사 선생님이 수아를 보더니 심각한 표정으로 수아의 몸을 여기저기 만지며 촉진을 하는 것이었다. 아내는 놀라 왜 그러시냐고 물었다. 의사 선생님은 뭐라 말씀을 하시려다가, 마침 엄마를 찾다 진찰실로 들어온 둘째를 보더니 한마디 하셨단다.

"아, 둘째도 목이 짧네. 유전인가 보네."

이유인즉 같이 온 엄마는 목 길이가 정상인데 아이가 몸에 비해 목이 너무 짧아서, 키가 안 자라는 '근력증후근왜소발육증'이라는 병인가 싶었는데 둘째도 목이 없는 걸 보니 안심했다는 것이다. 뒤이어 진찰실로 들어간 나를 보고는 의사 선생님이 아이들에게 말씀하셨다.

"완전 정상이네!"

덕분에 진찰실에 한바탕 웃음꽃이 피어났다. 나는 영문도 모르고 그냥 따라서 웃었다.

아버지로서 수아와 나단이를 보고 있노라면, 어머니의 모습이 떠오르곤 한다. 가끔 어머니는 내가 꿈을 키우도록 지원해주지 못했다며 스스로 자책하곤 하신다. 하지만 나는 내 꿈을 이루어가는 데에 오히려 어머니가 도움을 주셨다고 생각한다. 내게 선택의 자유를 주셨고, 선택한 것에 대해 존중하고 믿어주셨기 때문이다. 무엇을 하겠다고 하면 반대하지 않으셨고, 무엇을 하든 열심히 최선을 다해서 하면 된다고 하셨다. 그랬기에 나는 꿈을 더 넓고 크게 꿀 수 있었다. 비단 꿈을 꾸는 것뿐만이 아니었다. 이성 교제를 할 때에도 나의 감정을 우선적으로 존중해주셨다. 여자친구를 인사시켰을 때에도, 단 한 번도 반대하신 적이 없었다. 나뿐만이 아니라 동생들에게도 그렇게 하셨다.

오늘날 자녀의 꿈을 키운다면서 실은 자신의 소원을 풀려고 하는 부모들이 있다. 그 과정에서 하나부터 열까지 개입하고 물질적으로 큰 지원을 해주는 것 같지만, 과연 자녀가 그 속에서 행복할까? 부모로부터 주어진 꿈 때문에 자신의 꿈을 꾸지 못하니 행복할 리 없다. 심지어 부모의 꿈이 자신의 꿈인 양 착각해서 위장된 행복을 누리기도 한다. 자녀가 자유로이 꿈꿀 수 있게 해주고, 품은 꿈 그대로 존중해주는 것이 부모들의 역할이라고 생각한다. 건강한 자유를 누리게 해주는 것만큼 최고의 지원은 없다. 그것이 참된 관심이다.

나에게 미안해하시는 어머니, 그리고 오히려 어머니에게 고마워하는 나……. 어머니가 이제 더 이상 자책하지 않으셨으면 좋겠다. 그리고 어머니에게 이렇게 말씀드리고 싶다. 어머니가 나에게 해주신 대로, 우리 아이들에게 똑같이 해주고 싶다고……. 내가 누린 자유를 그대로 선물로 안겨주고 싶다고…….

♪
Sequence 2 안 되는 건 안 돼!

나는 자녀에게 자유를 많이 주는 편이지만 '절대 안 되는 것'에 대해서는 반드시 선을 긋는다. 내 어릴 적을 떠올렸을 때, 자유를 누린 것은 좋았지만, 가끔 자유와 방종의 경계선을 왔다 갔다 한 적이 있었기 때문이다.

초등학교 때 수업 준비를 하나도 못한 것들이 대표적인 예다.

가거도에서 학교를 다니면서 숙제를 제대로 했던 적이 한 번도 없었다. 숙제를 안 해서 종아리를 맞아도 그때뿐, 다음날도 여전히 숙제를 안 해갔다. 종아리를 하도 맞아 피멍이 들고, 그 자리에 또 맞아서 피가 나도 말이다. 맞을 때는 꼭 숙제를 해야지 라고 생각하지만, 막상 집에 가면 숙제를 챙겨주고 준비물을 챙겨주는 부모님이 안 계셨기에 까마득하게 잊어버리고는 신경도 안 썼던 것이다. 당시엔 밥 하고 나무 하는 집안일이 더 큰 숙제이도 했지만 말이다. 뿐만 아니라, 문제가 생겼을 때 부모님께 상의 드리지 않고 내 마음대로 해결하려고 한 적도 많았다. 지금 돌아보면 그런 점들이 못내 아쉽다.

그래서 이런 면은 우리 아이들에게 분명히 가르치고 싶었다. 가령 예배 시간에 아이들이 떠들거나 울면, 아직 어리지만 나는 따끔하게 혼내곤 한다. 그리고 나와 아내가 나갔다가 들어오면 반드시 인사를 하도록 시켰다. 비록 나는 어릴 적 부모님께 그러지 못해 이제야 그렇게 해드리고 있지만, 우리 아이들은 내 전철을 밟지 않게 해주고 싶었던 것이다.

간혹 어리기 때문에 상황 판단이 부족하여 자신이 하는 행동이 얼마나 큰 결과를 낳는지 모르고 잘못을 하는 경우가 있다. 한번은 수아가 동생 나단이를 계단에서 민 적이 있었다. 아이들은 자기 행동이 어떤 상황으로 이어질지 잘 모른다. 경험이 없으니 그것이 얼마나 위험한 일인지 알 턱이 없다. 하지만 이런 경우 따끔하게 혼을 내서 다시는 그런 행동을 못하도록 했다. 이해를 하고 다시는 그런 행동을 하지 않도록 엄하게 이야기했다.

고집을 부리거나 생떼를 쓸 때에도 따끔하게 혼을 낸다. 그때는 혼을 내는 나도, 혼나는 아이도 마음이 아프지만, 그 덕에 다시는 그러한 행동을 하지 않는다. 어린 시절 굳어진 습관은 어른이 되어서 고치기 힘들기에 이 부분은 확실히 가르쳐야 한다고 생각한다. 혼내는 것이 자녀를 주눅 들게 하는 행위로 비쳐질 수 있다. 하지만 그 동기가 아이에 대한 사랑, 그리고 아이들에게 가장 좋은 것을 주기 위한 마음이라면 아이들도 부모의 진심을 느낄 것이다. 당시는 이해하지 못할지라도 그것이 사랑의 또 다른 표현이라는 것을……. 그리고 그것이 가장 안전한 길로 인도하는 것이었음을…….

♪
Sequence 3 진짜 성공을 위해

경제적으로 돈을 많이 벌고 유명해지는 것. 그것은 성공이 아니다. 성공은 얼마만큼 가치 있게 사느냐에 달려 있다.

얼마만큼 가졌는지도 성공을 말해주지는 않는다. 우리는 독일이나 이탈리아에 있을 때 큰 집과 호텔에 살아봤지만 그런 집이 즐거움의 원천이 되는 것은 아니었다. 가정 안에 행복이 있고 기쁨이 있느냐가 중요했다. 행복이 내 안에 있다면 성공한 것이다.

나는 수아와 나단이가 '부자가 되는 것'과 '성공'을 연관시키지 않았으면 좋겠다. 아빠의 삶을 보면서, 요즘 흔히 말하는 스펙이나 조건이 아니더라도 자신이 하는 일에 만족을 느끼고 가치를 느낄 수 있었으면 좋겠다. 그리고 이것이야말로 성공임을 알았으면 좋겠다.

그렇게 된다면 열등감과 비교의식 없이 살아갈 수 있지 않을까? 나는 가난했고 공부도 제대로 못했지만 열등감은 없다. 명문대 나온 사람들, 부자들과 비교할 생각도 없다.

물론 신앙을 갖기 전에는 나도 열등감 속에서 모든 것을 원망하며 살아갔다. 그런데 하나님을 만나니 그런 마음이 나도 모르게 사라졌다. 가진 것 없고 누릴 수 없어도 행복할 수 있음을 알았다. 아니, 때로는 그것이 더 큰 행복을 가져다준다는 것을 알았다. 피아노가 필요할 때 당장 가서 살 수 있는 사람과 피아노가 없어서 다른 사람의 피아노를 빌려 연습해야 하는 것, 얼핏 보기에는 전자가 더 행복해보일지 모른다. 과연 그럴까? 오히려 힘들게 연습해가는 과정에서 더 많은 노력을 하는 것이 진정한 재미와 즐거움을 가져다주지 않을까?

나는 하나님과의 만남 속에서 그런 소소한 재미와 기쁨을 얻었고, 또 그때그때 채워주시는 은혜를 맛보았기에 열등감의 굴레에서 벗어날 수 있었다. 열등감이 없으니 다른 사람에 대해서도 시기나 질투 없이 칭찬할 수 있었고, 나도 그 속에서 다시 행복을 얻어올 수 있었다. 뿐만 아니라 열등감이 없으니 상대방이 나의 단점을 이야기해도 받아들이게 되고, 인정하며 더 노력하게 되었다.

지금 나는 얼핏 보기에 화려한 삶을 사는 것처럼 비춰진다. TV에 출연하고 내가 몸담은 영역에서 주목을 받고 있으니 충분히 그렇게 비칠 수 있다. 하지만 나는 유명세나 명예 때문에 행복한 것이 아니다. 내가 빛나는 위치에 서 있기에 행복한 것이 아니라, 사람들에게 꿈과 희망을 줄 수 있어서 행복한 것이다. 내가 지금 유명세를 타고 이곳에서 자리 잡아가는 것은 그저 수단이자 도구일 뿐이다. 이 모든 것을 통해 다른 사람들을 세우는 것이 내가 품은 궁극적인 목적이다. 그래서 내가 대스타가 된다고 해도 나는 여전히 갈급할 것이다. 내 꿈은 내가 스타가 되는 것이 아니라, 다른 사람을 스타로 키우는 것이기 때문이다.

나의 사랑하는 아이들 역시 수단이 목적으로 전도되지 않기를 바란다. 높은 자리에 오르거나 돈을 버는 것은 그저 더 큰 꿈을 위한 수단과 도구에 불과함을 일찍부터 깨닫게 되기를 바란다. 그래서 헛된 욕망을 좇느라 가정이 파괴되고 마음의 평안을 잃고 인간관계가 무너지는 일이 생기지 않기를 바란다. 높아지든

낮아지든, 올라가든 내려가든 진정한 행복과 가치를 놓치지 않는 수아와 나단이가 되기를……

Sequence 4 부부가 하모니Harmony가 되어

가끔 부부간의 교육 방침이 달라서 다투는 사례를 보곤 한다. 나와 아내는 교육관이 다른 편이지만 다른 것이 전혀 문제가 되지 않는다. 오히려 다른 것이 자녀에게 더 도움이 될 수 있다. 중요한 것은 조화다. 부부간에 자녀 교육관이 달라도 환상적인 하모니를 이룬다면 오히려 일거양득이 될 수 있다.

나는 아이들이 TV나 게임에 빠져있을 때, 적정선에서 잘 끊어주는 편이다. 반면에 아내는 일부러 내버려둔다. 하지만 아내는 내 방식을 존중해주고, 나는 아내의 방식을 존중해준다. 아내는 내가 아이들을 혼낼 때는 가만히 있어준다. 나도 마찬가지로 아내가 자유를 줄 때는 가만히 있어준다. 그렇다고 내가 항상 혼내는 역할을 하는 건 아니다. 나도 선을 그을 때는 긋고 혼낼 때는 혼내지만, 그 이외의 시간에는 친밀하게 다가간다. 한 방에서 몸을 부딪치며, 친구처럼 애들과 뒹굴곤 한다. 그럴 때마다 끈끈한 정이 샘솟는다.

274

조화로움 속에서 아이들은 균형 있는 양육을 받는다. 혼날 때는 혼나면서 책임감 훈련을 할 수 있고, 자유를 누릴 때는 누리면서 또 다른 애정을 경험할 수 있다.

　　우리 부부는 아이들에게 본이 되려고 노력한다. 특히 인성교육이나 신앙교육에 있어 이것이 더욱 필요하다. 우리는 아침에 가정예배를 드리곤 하는데, 가정예배 속에서 아이들은 많은 것을 배운다. 예배 속에서 순종을 배워간다. 기도해야 할 때 함께 손 모아 기도하고, 말씀 들을 때는 조용히 말씀을 듣는다. 가정예배 속에서 보인 부모의 모습대로 아이들도 따라간다. 그러면 자연히 가정의 질서도 생기고, 예배함으로써 우리의 힘과 노력으로 사는 것이 아님을 알고 하나님을 경외함으로 섬길 수 있다.

　　부모와 자녀가 조화를 이루려면 부부가 먼저 조화를 이루어야 한다. 나는 아빠로서 해야 되는 것과 안 되는 것을 제시하고, 아내는 엄마로서 남편에게 순종하고 따르는 모습을 보인다. 그러면 아이들도 부모님을 존경하게 된다. 아이들은 그 속에서 성장이라는 계단을 하나씩 밟아나간다.

나는 책임과 예의를 강조하지만, 공부에 대해서는 내버려둔
다. 암기를 얼마나 잘하고 셈을 얼마나 잘하는지는 중요하지 않
다. 중요한 것은 인성과 신앙 교육이다. 이 두 가지가 이루어지
면 지식은 알아서 따라가게 되어 있다. 무엇을 해야 하는지 비전
이 생기고, 어떻게 살아가야 하는지 성품이 바로 잡히면 시키지
않아도 자신에게 맡겨진 일에 최선을 다하게 되어 있다.

  아무리 공부를 잘한다고 해도 신앙교육과 인성교육이 뒷받침
되지 않으면 자신의 지식으로 사람을 다치게 할 수 있다. 반면에
당장 공부실력은 부족하더라도 신앙교육과 인성교육이 뒷받침
이 되면 사람을 살리는 일을 찾아 나서게 된다. 그리고 그 일을
위해 필요한 공부를 하며 실력 있는 사람이 되어간다.

  나 역시 그랬다. 내로라 하는 문제아였지만 고등학교 때 예수
님을 알게 되고 나서는 시키지 않아도 열심히 공부했다. 내가 어
떻게 살아야 할지를 깨우치고 나니 필요한 공부는 스스로 찾아
서 했다. 그래서 국민학교 시절 공부한 적도 없던 내가 고등학교
내신은 1등급이었다.

  또한 아이들에게 '공부, 공부'를 외치지 않는 것은 상상력을
기르기 위해서이기도 하다. 글자나 숫자를 가르칠 때에 미리 다

알려주면 상상할 수 있는 영역이 없어진다. 딱 떨어지는 답을 찾기 위해 공부하는 것, 정형화된 지식을 그대로 전수하는 것은 그야말로 기계화되는 것이 아닌가?

그러므로 부모가 도와줄 수 있는 최고의 방법은 '스스로 깨우치게 하는 것'이다. 물고기를 잡아서 주는 것이 아니라 잡는 법을 가르쳐주는 것이다.

상상력과 아이디어는 삶에 있어 매우 중요한 지혜다. 이는 예술과 사업의 영역에서 내가 절실히 느낀 바이기도 하다. 상상력은 '기계적'이 아닌 '인간적'으로 나아가는 길이다.

나는 아이들에게 책을 많이 읽어주는 편인데, 이때에도 있는 그대로 읽어주지 않는다. 성경 동화를 비롯한 동화책들을 읽어줄 때면, 상황에 맞게 문구를 바꾼다. 좀 더 재미있고 흥미진진하게, 그리고 감탄사나 의성어를 투입시킨다.

"우와! 대단한데?"

그러면 아이들도 재미있어한다. 그리고 그 안에서 감성을 키워나간다.

나는 우리 아이들이 사람다웠으면 좋겠다. 사람을 사랑하고 사람을 품을 줄 아는 따뜻함이 넘치는 사람이 되었으면 좋겠다. 아마 아이들은 나보다 더 깊고 넓은 공부를 하게 될 것이다. 어쩌면 내가 발견하지 못한 세계를 경험해가면서 말이다.

아이들에게 쓰는 편지

하나님이 주신 내 인생의 선물 수아와 나단이에게

지금 잠을 자고 있는 너희를 보고 있노라면 어느새 미소부터 얼굴에 번지는구나. 지금 너희가 어떤 꿈을 꾸며 자고 있는지, 그리고 너희 마음에는 어떤 꿈들이 간직되어 있는지 아빠는 잘 모른다. 그러나 지금 내가 너희들의 얼굴을 보는 것만으로도 행복하듯, 나는 너희들이 앞으로 꾸게 될 꿈을 지켜보는 것만으로도 행복할 거야. 그 꿈이 사람들 시선에 어떻게 비치든 그건 중요하지 않아. 너희가 마음속에 꿈을 담을 수 있다는 것, 그 자체만으로도 나는 너무 기쁠 것 같구나.

아빠는 사실 많은 고생과 역경을 겪으면서 인생을 살아왔단다. 마음 같아서는 너희가 그런 고통을 겪지 않고 살길 바라곤 해. 그러나 그것 역시 너희들에게 큰 재산이 될 것을 알기에, 행여 그런 일이 닥친다고 해도 걱정하지 않을 거야. 그저 잘 이겨내고 극복할 수 있도록 기도하고 또 응원해줄 거야.

내가 너희에게 바라는 것은 그저 행복을 지키는 거야. 행복이 무엇인지 바로 알고, 그 행복을 마음에 끝까지 지킬 수 있는 것……. 하나님이 너희에게 허락하신 행복은 무궁무진하니, 그것들을 삶 속에서 누리고 또 누릴 수 있길 바란다. 이상하게 포장된 행복 때문에 마음에 평안을 누리지 못하고 앞만 보고 달려가는 그런 삶은 결코 행복이 아니란다. 무엇을 얻기 위한 삶보다 그 과정 과정을 즐기는 삶을 살기를, 그리고 때로는 옆에도 볼 수 있는 그런 사람이 되길 바란다. 그리고 무엇보다 건강하길…….

나는 오늘도 너희를 위해 기도할 거야. 너희를 위해 기도할 수 있는 것, 그 자체도 얼마나 나에게 기쁨인지……. 나는 내일 아침도 너희를 보는 기쁨을 안고 일어날 수 있겠지.
세월이 지나고 이 편지를 함께 보면서 웃을 수 있을 날이 오길 기대하며 이만 줄인다.

수아야, 나단아. 사랑한다.

05

기적 같은
변화

Sequence 1 불에서 물로

내 주변 사람들은 다들 어린 시절의 나를 이렇게 기억했다.

"얼마나 독한지 눈에서 불이 나올 정도였다."

그렇게 불같던 조용갑이 변했다. 예수님을 만나고 나서 완전히 바뀌었다. 주위에서는 아직도 의아해한다. 너 같은 사람이 어떻게 이렇게 변할 수 있느냐고. 주위 사람들도 그런데 우리 가족은 오죽했겠는가? 식구들은 변화된 내 모습을 보고 자연히 예수님을 믿게 되었다.

그렇게 변화된 이후, 나는 화나는 일이 있어도 좀처럼 화를 잘

내지 않는다. 이전에는 화나는 일이 생기면 화를 못 이기고 소리쳤지만, 지금은 긍정적으로 해결하고 마무리하는 경우가 많다. 물이 바위 곁을 유유히 흘러가듯 부딪히지 않는다.

내가 화를 낼 때는 상대가 더 성장하도록 도움을 주고 싶을 때다. 가능성이 있는데 그것을 끌어올리지 못할 때는 화를 내서라도 도와주고 싶은 것이다. 그 외에는 화가 나도 스스로 조절하려한다. 아니, 자연히 조절이 된다. 누군가에게는 이런 모습이 당연한 것일지 모르지만, 나에게는 기적과도 같은 일이다.

불에서 물이 된 조용갑. 이제는 얼굴을 붉으락푸르락 하지 않는다. 인정해야 하는 것은 순순히 인정한다. 또한 인간관계에서는 '나는 정말 아닌 것 같음에도' 인정해주어야 할 때가 있다. 결코 인정할 수 없는 부분이 있다고 할지라도 부딪히고 싸워서 해결하려고 하지 않는다. 대신 기다리며 그 사람이 스스로 해결해나갈 수 있도록 둔다.

나의 성품이 변화한 데는 무엇보다 신앙의 힘이 결정적이었지만, 유학생활에서의 경험도 도움이 되었다. 유럽에 있다 보니 자기 색깔을 가진 사람들을 많이 보게 되었고, 세상에는 참 다양한 사람들이 있다는 것을 체험적으로 느끼게 되었다. 그래서 내 것만을 고집하지 않고 상대를 인정해주어야 한다는 사실을 자연스럽게 체득해나갔던 것 같다.

내 안에 깎이고 다듬어져야 할 부분은 아직도 많이 남아 있다. 물이긴 하지만 온도가 차가울 때도 있다. 나의 목표는 예수님의 온유함을 닮아가는 것이다. 그렇기에 아직도 멀었음을 체감한다. 예수님의 모습이 내 안에서 조금씩 드러날 때까지, 좀 더 따뜻한 물이 되어 사람들에게 다가갈 때까지 나는 더 노력할 것이다. 나를 더 다듬어갈 것이다.

Sequence 2 비판에서 이해로

신앙생활을 하면서 인격의 변화를 많이 경험했지만 여전히 뽑아내지 못했던 것이 있었다. 바로 비판하고 판단하는 습성이었다. 겉으로는 화를 안 내고 있었지만, 속으로는 이리 저리 정죄했던 것이다. 처음에는 그것이 정의로운 것인 줄로만 알았다.

처음 신앙생활을 시작했을 때 나는 일종의 '율법주의자' 였다. 일요일이면 절대 돈을 쓰면 안 된다고 생각했고, 오락적인 일을 절대 해선 안 된다고 생각했다. 술 마시고 담배 피는 사람은 신앙인으로 인정하지 않았다. 그런 생각을 하는 나 자신을 항상 대견하게 여겼다. 하지만 행위나 형식은 신앙의 본질이 아님을 깨닫게 되었다. 하나님의 말씀을 지키려는 노력들 하나하나는 소

중한 것이다. 하지만 그것이 하나님 앞에 바로 서기 위해 스스로 결단하고 실천하는 것으로 나아가야지, 타인을 향한 강요로 이어져서는 안 됨을 알게 되었다. 그리고 행동만 보고 비판하고 판단해서는 더더욱 안 된다는 것을 뒤늦게 깨달았다. 오히려 비판하고 판단하는 것 자체가 하나님의 마음을 더 아프게 하는 것임을 알게 된 것이다. 그것이야말로 성경에 나온 바리새인의 모습이 아닌가?

나도 실수할 수 있고 잘못할 수 있는 것인데 왜 다른 사람의 모습을 비판했던 것인지……. 무엇보다 예수님께서는 그들을 다 안으시는데, 내가 뭐 그리 대단하다고 그들의 잘잘못을 따졌던 것인지……. 게다가 나의 과거를 들여다보면 어떤가? 나는 그들보다 더 사고뭉치였고 부족하기 그지없었다. 내가 판단하는 그 사람도 나와 같은 어려움을 겪고 과도기 속에 있을지도 모르는데, 보이는 것만 보고 판단을 했던 내 모습이 어리석게 느껴졌다.

다행히 하나님께서는 비판하고 정죄하던 내 모습을 회개하고 돌이키게 하셨다. 그리고 다른 사람을 하나님의 마음으로 품을 수 있도록 하셨다. 그런 과정에서 많은 사람을 품을 수 있는 리더십을 기르게 하셨다.

앞으로 지휘를 하고 제자들을 키워나가면서 나는 주변 사람들의 부족함을 계속 발견하게 될지도 모른다. 하지만 이제는 그 속에서 더 부족한 나를 볼 수 있다. 그렇기에 함부로 판단하거나 비판할 수 없는 연약한 나. 그 대신 나는 모든 것을 품으시고 안으시는 예수님을 생각할 것이다. 죄인 조용갑을 살리신 예수님을 생각한다면, 나는 이제 그 누구도 정죄할 수 없다. 그저 내가 할 일은 이해하는 것뿐.

Sequence 3 교만에서 겸손으로

리더의 위치에 있다 보면 반드시 스스로에게 던지게 되는 질문이 있다.

'내가 추진하던 일이 잘못되었다는 것을 깨달을 때 어떻게 행동할 것인가?'

내가 무엇인가를 추진하고 진행했는데 그것에 문제가 생기면, 참 난감하고 책임감과 부담감 때문에 힘들어진다. 하지만 더 힘든 것은 그 일이 잘못되었다는 걸 스스로 느낄 때다. 사람은 완벽하지 않아서 실수가 있을 수 있다. 하지만 다른 사람을 이끄는 자리에 있는 리더에게 실수는 때론 치명적이다. 그래서 멈추고 다시 시작해야 하는데도 자존심 때문에, 혹은 지나친 책임감 때문에 그 일을 접지 못한다. 자신을 따르는 사람들에게 약한 모습을 보이기 싫은 것이다. 자신의 계획과 진행이 잘못되었다는 것을 인정하는 것은 리더에게 정말 어려운 일이다.

물론 가야 할 길이라면 힘들더라도 포기하지 않고 성실히 나아가야 한다. 그러나 아닌 것은 아닌 것이다. 뭔가 아니라고 판단이 되면 깔끔하게 인정하고 돌아설 용기가 필요하다. 뿐만 아니라, 사과해야 할 때는 깨끗하게 인정하고 사과해야 하다. 오히려 자존심 때문에 숨기는 것이 지도력을 잃는 것이다. 그것은 교

만이고, 교만은 지도자의 자질이 아니다.

　다행히 하나님께서는 나에게 사업을 통해 아니다 싶으면 바로 돌아설 수 있는 '용기'를 허락하셨다. 사업을 하며 하나님의 뜻을 떠나 어긋난 길로 간 결과가 얼마나 처참했는지를 경험했기에, 정면 돌파하고 추진하다가도 아니라고 생각되면 접고 다시 시작한다. 잘못했을 때는 그 자리에서 인정하고 용서를 구한다. 하나님의 뜻이 아니라면 그 자리에서 다 내려놓아야 한다는 원칙이 있다. 사람들이 어떻게 생각하든, 당장 내 자존심을 붙드는 것보다 공동체를 바르게 이끌어나가는 것이 중요하기 때문이다.

겸손은 공동체를 살린다. 겸손은 전체를 보게 하고, 큰 그림을 그려나가게 한다.

혹자는 도중에 내려놓는 것을 손해라고 생각하지만 결코 그렇지 않다. 잘못된 것을 계속 끌고 나가는 것이 오히려 더 큰 손해다. 멈춰야 할 때는 멈추고 새롭게 다시 시작하는 것이 더 빠른 길이다.

♪ Sequence 4 분노에서 인내로

유학 시절, 공직에 계신 분들과 합창단을 만들어서 활동한 적이 있었다. 그런데 우리에게 들어오는 재정이 다른 쪽으로 새는 것 같다는 생각이 들었다. 우리에게 그 돈이 전혀 들어오지 않았기 때문이다. 이상하다는 것을 알게 된 나는 그때 대담하게 시위를 감행했었다. 그때는 그것이 정의로운 것이라고 생각했다.

하지만 몇 년 지나고 보니까 그때 그게 잘한 것만은 아니라는 생각이 든다. 때론 나서서 행동해야 할 때도 있다. 하지만 감정적으로 대처하기 전에 먼저 하나님께 기도로 모든 상황을 맡겨드려야 했다. 내가 너무 성급했던 것이다. 내 감정이 앞서서 하나님의 계획을 생각하지도 않고 지도자에게 내가 옳다고 생각하는 것만을 강요했다. 모순적인 부분에 대해 가볍게 물어볼 수도 있었다. 차라리 조용히 찾아가서 그 부분에 대해서 무엇이 잘못되었는지 대화를 나누었다면 더 좋았을 것 같다는 생각이 들었다. 지도자에게 드러내놓고 반기를 드는 것은 문제해결을 불가능하게 만들 뿐 아니라, 좋은 결과를 가져오지도 못했다. 만약 그때 기도로 준비하면서 하나님께 맡겼다면 결과는 어떠했을까? 아마 내가 생각했던 것보다 더 발전적이고 긍정적이지 않았을까?

더욱이 그때의 내 모습에는 분노가 담겨 있었다. 정의라고 명목을 내세우기는 했지만 그것은 분명 내 안에 끓어오르는 분노를 가장한 것이었다.

이러한 나의 연약함을 알았기에 이제는 그런 상황에서 먼저 인내하려고 노력한다. 참고 가만히 있어야 할 때는 그저 하나님의 역사를 기대하며 기다린다. 다윗이 잘못을 했을 때 나단 선지자는 그 잘못에 대해서 다윗을 직접 찾아가서 이야기했을 뿐, 데모를 하거나 다른 사람들에게 다윗의 잘못을 크게 알리지 않았다. 그를 존중했던 것이다. 그리고 그 안에서 일하시는 하나님을 신뢰하며 인내했던 것이다.

그렇게 인내하다 보면 억울한 일이 생길 때도 있다. 나는 인내하면서 순수하게 나아가려는데, 상대는 그것을 역이용하려고 드는 것이다. 그때는 나도 감당하기가 어렵다. 그렇기에 더더욱 하나님께 맡겨드린다. 그러면 다 들으시고, 하나님의 방법대로 역사하신다. 많은 말이 필요 없다. 단 한마디면 족하다.

"하나님은 아시잖아요."

하나님은 나보다 나를 더 잘 아신다. 그리고 나를 사랑하신다. 그러니 어련히 알아서 해주시지 않겠는가? 하나님의 해결을 온전히 기다리다 보면, 예상치 못한 방법으로 나를 구해주신다. 오히려 나에게 더 큰 은혜를 주신다.

시편에 기록된 다윗의 시를 보면 이런 모습이 얼마나 중요한지를 알 수 있다. 다윗은 아무리 상대가 자신을 모함하고 함정에 빠뜨리려 해도 똑같이 대응하지 않고 하나님께 온전히 맡겼다. 결국 모함과 함정으로 다윗을 겨냥했던 사람들은 자기 꾀에 빠졌다. 자기가 파놓은 함정에 스스로 빠졌다. 한 나라를 다스리던 왕도 모든 정사를 하나님께 맡겼는데, 나는 어떠하겠는가? 한 나라 전체를 책임지시고 이끄신 하나님께서 나 한 사람의 인생을 책임지지 못하시겠는가?

어떤 순간에도 하나님만 바라보며 인내하라. 그러면 문제는 더 이상 문제가 아니게 될 것이다. 그리고 나보다 나를 더 잘 아시는 하나님을 믿기에 오히려 더 큰 희망이 내 마음에 가득할 것이다.

▎피날레

〈오페라스타〉 무대 아래로 다시 돌아와서

　〈오페라스타〉를 시작할 때만 해도 참가자들과 시청자들의 마음에 희망과 감동을 심어주고 싶었다. 그런데 막상 끝나고 나니 가장 큰 희망과 감동을 받은 사람은 바로 나였다.

　참가자들의 고군분투를 보면서, 나 역시 이대로 안주하지 말아야겠다는 생각을 했다. 자기 발성과 기교를 모두 내려놓고 성악 발성을 내기 위해 노력한 가수, 자기도 몰랐던 소리를 발견해 갔던 가수, 연습 과정을 통해 내성적인 성격까지 바꿔간 가수, 교회에 가서 울면서 매달리기까지 한 가수, 멘토의 말에 어떻게든 따라가려고 애쓰던 가수 등, 결국은 모두가 해냈고, 그 속에서 나는 또 다른 희망을 얻었다.

　그들에게 가장 감동을 받은 것은 멘토들을 믿고 따르려고 했던 점이다. 그들은 이미 프로였기 때문에 노력과 연습이야 두말할 것 없이 잘 해냈을 테지만, 성악의 세계로 발을 내딛기 위해 겸손히 멘토의 말을 따르는 것은 오히려 어려웠을지 모른다. 그렇지만 그들은 그마저도 멋지게 해냈다. 처음에는 잘 따라가지 못하기도 했고, 자신만의 방식과 특성을 포기하지 못해 고생도 했지만 결국엔 멘토들을 믿고 따라와 주었다. 그 결과는 그들에게 더욱 달콤했다. 바로 성장한 자기 자신이었기에.

나 역시 그들을 보면서 배웠다.

그저 예수님을 믿고 따르기만 하면 된다는 것을……. 의심을 버리는 순간 기적은 내 앞에 다가올 수 있다는 것을…….

'전적으로 믿고 따라가면 기적을 만날 수 있구나.'

〈오페라스타〉의 전 과정을 통해서 팀워크가 중요하다는 것도 배웠다. 그동안 나름대로 제자들을 키워가면서 함께하는 모임을 많이 가졌지만, 그때는 내가 일방적으로 가르칠 일이 많았다. 정작 하모니를 외치면서도 나의 생각과 나의 주관으로 진행되었다. 하지만 여기에서는 지휘자로서, 연출가로서, 또 같은 성악가로서 각 분야를 대표하는 사람들과 함께 멘토로서, 가수들과 호흡을 맞추다 보니 내가 일방적으로 누군가를 가르치는 것이 아니라, 서로가 함께 힘을 모아 프로그램을 이끌어가야 했다. 그 과정에서 가장 중요한 것은 조화라는 것을 느낄 수 있었다. 우리가 먼저 하나가 될 때 희망이 더 견고해질 수 있음을 또 다시 체험한 것이다.

이는 멘토들뿐 아니라, 참가자인 가수들 사이에도 마찬가지였다. 치열한 경쟁이었지만, 서로의 발전을 격려해주고 축하해주는 모습 속에서 하나가 되는 것이 진정한 희망임을 목격할 수 있었다. 아무리 나 혼자 성장하고 발전했다 한들, 그것이 나만의 희망으로 끝난다면 추억에 그칠 뿐이다. 함께 나누는 희망이야말로 따뜻한 온기로 흘러간다. 함께 부르는 희망이야말로 아름다운 소리로 울려 퍼진다.

희망 프로젝트에 힘을 싣고

〈오페라스타〉를 통해 받은 희망으로 이제 희망 프로젝트에 좀더 박차를 가해볼까 한다.

나는 한국에 돌아오고 나서 뜻하지 않게 매스컴을 많이 타게 되었다. 예술의 전당에서 공연하는 것이 알려져 9시 뉴스에 나오기도 했고, 각종 신문들 전면에 실리기까지 했다. 〈오페라스타〉나 〈아침마당〉 등 방송 출연도 많이 하게 되었다. 어떤 학교에서는 교수 자리로 러브콜을 해오기도 했다.

아직도 많이 부족한 나에게 이런 기회가 오자, 감사하면서도 어색했다. 나는 그저 내가 할 수 있는 작은 일이라도 실천하며 살아가려 했는데⋯⋯. 전문성을 더 길러 성악 분야에서 정상을 차지하고 싶은 마음이야 당연히 있지만, 유명세를 타고 싶은 마음은 없었는데⋯⋯.

그런데 왜 나에게 이런 일이 생기는 것일까? 처음에는 감사와 어색함이 교차하기만 했는데, 이제는 그 뜻을 알 것 같다. 내가 계획한 희망 프로젝트에 박차를 가하도록 하나님께서 기회의 장을 마련해 주시는 것이 아닐까? 소박하고 작은 규모로 나가는 것도 좋지만, 좀 더 크고 넓은 계획을 진행시킬 수 있도록 말이다. 무엇보다 내가 공유하고자 하는 것은 희망이 아닌가? 크면 클수록 좋겠다는 생각이 들었다. 그래서 이전에는 교회를 중심으로 활동을 전개해나갔는데, 이번 계기를 통해 좀 더 세상으로 영역을 확장해야겠다는 계획을 갖게 되었다. 하나님이 주시는 사랑과 희망은 교회 안에서만 나누는 것이 아니라, 세상 가운데 더 널리 알리고 전해야 하기 것이기 때문이다.

나는 이제 희망을 더 널리 퍼뜨릴 것이다. 희망 프로젝트를 더 크게 확장해나갈 것이다. 내가 생각하고 있는 희망 프로젝트는 두 가지로 구분된다.

첫째는, 누구나 즐길 수 있는 오페라 공연 문화를 만들어가는

것이다. 오페라는 종합예술의 꽃이다. 미술, 무용, 음악, 연기 등
안 들어간 것이 없다. 하지만 안타깝게도 오페라는 점점 돈이 많
아야만 즐길 수 있는 비싼 문화가 되어가고 있다. 이렇게 아름다
운 음악이 한정된 공간에서만 울려 퍼지고 있다니……. 이제 가
족들이 손잡고 오페라 공연장을 여유 있게 찾았으면 좋겠다. 친
구들끼리도 함께 술집이 아닌, 오페라 공연장을 찾았으면 좋겠다.

　나는 그야말로 부담 없는 공연을 선사하고 싶다. 그런 희망을
나누기 위해 지금 나와 함께하고 있는 TOP artisti, 그리고 우리
합창단과 더불어 이 일을 진행해나갈 것이다. 그들 역시 희망을
나누는 일을 목표로 하기에 봉사하는 마음으로 공연을 만들어갈

수 있다. 그래서 우수하면서도 저렴하게 관람할 수 있는 공연문화를 조성해나갈 것이다. 누구나 쉽게 오페라를 접할 수 있게 되고 이를 통해 희망이 퍼지기를, 건전한 문화의 붐이 일어나길 기대해본다.

둘째는, 전문적으로 제자를 양성하기 위한 체계적인 기관과 시스템을 마련하는 것이다. 먼저 클래식 엔터테인먼트를 만들어서 음악 사업을 진행시키고, 점차 확장시켜 전문 아카데미 형식으로 발전할 수 있게 할 것이다. 또한 정식 오디션과 계약 절차를 거쳐서 경쟁력 있는 예술가를 키우고 후원하는 일을 할 것이다. 그러면 음악을 사랑하지만 형편이 안 되어 포기했던 사람들이 음악을 더 체계적으로 배울 기회를 얻게 된다. 그렇게 성악을 비롯한 음악이 돈을 많이 들여야 배울 수 있는 것이 아님을 보여주고 싶다. 그리고 이런 음악 사업으로 수입이 생긴다면, 이 수입으로 자선공연을 더 활발하게 펼치고 싶다.

이 모든 프로젝트를 통해 보다 많은 사람이 고개를 들고 희망을 바라볼 수 있길 기대한다.

이제 함께 희망의 합창을

이제 함께 희망을 불러보자. 혼자서, 혹은 마음에 맞는 소수의 인원이 아닌, 다 함께 '합창'으로 불러보자. 우리가 하나가 된다면 더 크고 멋지게 희망의 합창을 부를 수 있다.

"내가 감히 어떻게 거길 들어가"라며 망설였던 사람들도 합창의 자리로 들어오길 바란다. "난 잘 못 해" 하면서 립싱크만 했던 사람도 이제는 당당히 목청을 울리길 바란다.

서로 파트는 다르지만 우리는 하나다. 서 있는 자리는 다르지만 희망으로 향하는 한 팀이다. 나는 부족하지만 우리는 강하다. 혼자는 부족하지만 함께하면 모두에게 감동을 줄 수 있다.

우리의 시선은 너무 높은 곳에 가 있어서 낙심하고, 우리의 관심은 너무 많이 가진 자에게 가 있어서 상대적으로 부족하다고 느끼며 스스로를 불행하게 만든다. 하지만 시선을 조금만 아래로 보면 우리는 가진 것이 많은 행복한 사람이다. 오늘도 이렇게 살아 있고, 숨 쉴 수 있고, 움직일 수 있고, 생각할 수 있다. 얼마나 행복한 사람인가? 그래서 우리는 우리가 가진 것으로 나눌 수 있다. 혼자 하기 힘들다면 함께하면 된다. 각자 나눌 수 있는 것들이 다르다. 중요한 것은 '희망을 나눌 준비가 되었는가'이다.